Deutschbuch

Differenzierende Ausgabe
Baden-Württemberg

5

Arbeitsheft

Arbeitstechniken
Texte schreiben
Texte verstehen
Grammatik
Rechtschreibung
Lernstandstest

Herausgegeben von
Dorothea Fogt und Christian Weißenburger

Erarbeitet von
Friedrich Dick, Dorothea Fogt, Agnes Fulde,
Hans-Joachim Gauggel, Ruth Malaka, Toka-Lena Rusnok
und Christian Weißenburger

Name: _____

Klasse: _____

Deutschbuch

Differenzierende Ausgabe Baden-Württemberg

Textquellenverzeichnis

S. 82: „Trick […] Trident". Auszug aus: Duden. Die deutsche Rechtschreibung. 27., völlig neu bearbeitete und erweiterte Auflage. Hg. von der Dudenredaktion. Auf der Grundlage der aktuellen amtlichen Rechtschreibregeln. Berlin: Dudenverlag 2017, S. 1118
S. 100 f.: Dagmar H. Mueller: Mathilde und die Geisterfrau. In: 100 und eine Geschichte zum Vorlesen. Hg. von Kristin Weigand. Stuttgart: Thienemann 2009, S. 367–369

Bildquellenverzeichnis

Cover: Bücher, Schnecke: Shutterstock/Lolly (Schnecke), Shutterstock/studiovin; Vogel: Shutterstock.com/aabeele; Junge: Shutterstock.com/carballo; Hintergrund: Shutterstock.com/Marco Bicci; S. 6: Cornelsen; S. 7: Shutterstock.com/RudiErnst; S. 18: stock.adobe.com/eloi; S. 35/l.: picture alliance/dieKLEINERT.de; S. 35/r.o.: Shutterstock.com/Beate Rhomberg; S. 35/r.u.: Shutterstock.com/4 PM production; S. 37/l.: Shutterstock.com/4 PM production; S. 37/2.v.l.: Shutterstock.com/S-F; S. 37/3.v.l.: picture alliance/dieKLEINERT.de; S. 37/r.: Shutterstock.com/Beate Rhomberg; S. 39: Shutterstock.com/Jose Luis Stephens; S. 61: Shutterstock.com/solarseven; S. 69: mauritius images/NASA Photo/Alamy; S. 70: mauritius images/Science Source/New York Public Library; S. 78/l.: Shutterstock.com/frantisekhojdysz; S. 78/r.: mauritius images/tbkmedia.de/Alamy; S. 82: Cornelsen; S. 83: Shutterstock.com/Leo Bucher; S. 84: stock.adobe.com/panuruangjan; S. 90: Shutterstock.com/Itsik Marom; S. 94: Shutterstock.com/Dionisvera; S. 95: Shutterstock.com/Matteo photos; S. 96: Shutterstock.com/Eric Isselee; S. 102: Shutterstock.com/Mario A. Prado

Illustrationen: Cornelsen/Nils Fliegner: S. 3–7, 74–99, 104, hintere Umschlaginnenseite; Cornelsen/Christiane Grauert: S. 8–22, vordere Umschlaginnenseite; Cornelsen/Christa Unzner: S. 24–28, 100; Cornelsen/Juliane Steinbach: S. 30–33; Cornelsen/Barbara Jung: S. 41–68

Impressum

Redaktion: Amelie Ihering, Berlin, Sandra Geiger (Projektleitung)

Umschlaggestaltung: Corinna Babylon und Jule Kienecker (Berlin)

Gesamtgestaltung: werkstatt für gebrauchsgrafik, Berlin

Technische Umsetzung: graphitecture book & edition

Teile einiger Kapitel dieses Hefts wurden erarbeitet von Elke Aigner-Haberstroh, Christoph Berghaus, Günther Biermann, Gertraud Bildl, Wolfgang Butz, Friedrich Dick, Axel Fahl, Josi Ferrante-Heidl, Cordula Grunow, Marlene Koppers, Timo Koppitz, Marianna Lichtenstein, Anna Löwen, Angela Mielke, Barbara Oppacher, Katja Reinhardt, Irmgard Schick, Sandra Simberger und Sonja Wiesiollek.

www.cornelsen.de

1. Auflage, 1. Druck 2024

Alle Drucke dieser Auflage sind inhaltlich unverändert und können im Unterricht nebeneinander verwendet werden.

© 2024 Cornelsen Verlag GmbH, Berlin

Druck: H. Heenemann, Berlin

ISBN 978-3-06-061055-6

PEFC zertifiziert
Dieses Produkt stammt aus nachhaltig bewirtschafteten Wäldern und kontrollierten Quellen.

www.pefc.de

PEFC/04-31-1156

Inhaltsverzeichnis

Arbeitstechniken

Lesbar schreiben

1

Liebe Rica,
endlich habe ich Zeit,
dir zu schreiben. Das Schuljahr
hat gut ~~begonn~~ begonnen.
In meiner neuen Klasse ist schon
viel passiert: Stell dir vor,

2

Es gefällt mir hier ~~sehr~~
~~sehr~~ sehr gut. Aber ich vermisse
unsere alte ~~Schule~~ Schule. Hier
gibt es kein Klettergerüst auf dem
Pausenhof, aber ~~dafür~~ dafür viele
Sportgeräte. Wie war dein Start an
der neuen Schule?

1 **a** Vergleiche die beiden Briefauszüge. Welche Schrift kannst du besser lesen?
Kreuze an.

☐ Brief **1**   ☐ Brief **2**

b Kreuze an, welche Regeln jeweils beachtet wurden.

	Brief **1**	Brief **2**
Schreibe nicht über den Rand.	☐	☐
Korrigiere sauber.	☐	☐
Schreibe jeden einzelnen Buchstaben deutlich erkennbar.	☐	☐
Unterscheide deutlich kleine und große Buchstaben.	☐	☐
Halte gleichmäßige Abstände zwischen den Wörtern ein.	☐	☐
Schreibe gerade wie auf einer Linie.	☐	☐

2 Beschrifte den Briefumschlag in gut lesbarer Schrift.

a Ergänze die folgende Adresse:
Noa Fertig
Postweg 1
12345 Baumstadt

b Notiere deine eigene Adresse als Absender.

c Male ein Bild in die Briefmarke.

Noa Fertig

3 Schreibe einen der Briefauszüge aus ▶ Aufgabe 1 gut lesbar in dein Heft ab.
Beachte die Regeln aus ▶ Aufgabe 1 b.

Das Lesen trainieren

1 Lies die Treppenwörter. Stoppe die Zeit. Du hast drei Versuche mit je 15 Sekunden.

a Wie viele Wörter schaffst du beim ersten, beim zweiten und beim dritten Versuch?

A Sand	B Nuss	C Sport
Sandkasten	Nussbaum	Sportschuh
Sandkastenspielzeug	Nussbaumholz	Sportschuhschnürsenkel
D Auto	E Tennis	F Grill
Autoanhänger	Tennisschläger	Grillgemüse
Autoanhängerkupplung	Tennisschlägergriff	Grillgemüsereste

b Notiere deine Ergebnisse.

1. Versuch: ____   2. Versuch: ____   3. Versuch: ____

2 Bei zusammengesetzten Nomen wird manchmal ein weiterer Buchstabe, ein sogenanntes Fugenelement, eingefügt.

a Finde in den Beispielwörtern die Fugenelemente -n- oder -s- und kreise sie ein.

b Lies die Wörter so flüssig wie möglich. Stoppe die Zeit.

NASE(N)BÄR   UNTERSUCHUNGSERGEBNIS

KLASSENAUSFLUG   FRIEDENSTAUBE   FASNACHTSFEIER

HASENPFOTE   ROSENBLÜTE   FUGENELEMENT

LIEBESBRIEF   TANNENBAUM   EINIGUNGSVERSUCH

3 **a** Achtung: Schlangenwort: Trenne die Silben mit senkrechten Strichen. Markiere das Fugen-s.

Elefantengedächtnisübungsbeschreibung

Vorsicht Fehler!

b In jeder Zeile findest du mindestens drei Fehler. Unterstreiche sie wie im Beispiel.

A SchwimmhalleSchimmhalleSchwimmhalleSchwimmhalleSchwimmhalleSchwimmhalleSchwimmhall

RettungshundRettunghundRettungshndRettungshudRettungshundRettungshundReddungshund

FahrradketteFahrradketteFahrradketteFahrredketteFahrradketteFaradketteFahrradetteFahrradkette

B SchelmenstreichSchemenstreichSchelmenstreichSchelmenstrchSchlmenstreichSchelmenstrich

RegenpauseRegenpauseRegepauseRegennpauseRegenpauseRegenpauseRegenpaseRegenpause

BaustellenschildBaustellenschidBaustelenschildBaustellenschilfBaustellenschildBaustellenschild

C GummistiefelGummistiefilGummistiefelGumistiefelGummistiefelGummistiefelGummistiefel

TrinkflascheTrinkflascheTrinkfalscheTrinkflscheTrinkflascheTrinkflascheTrinkflascheTrinkflache

DeutschbuchDeutschbuschDeutschbuchDeutschbuchDeuttschbuchDeutschbuchDeuschbuch

Erlebnisse spannend erzählen

Information ▶ Erlebnisse erzählen

Für eine gelungene Erzählung solltest du folgende Punkte beachten:

Check

- Ist die Erzählung gegliedert in **Einleitung – Hauptteil – Schluss?** .... ☐
- **Einleitung:** Machen die ersten Sätze **neugierig?** .... ☐
  Werden die **Figuren** und der **Ort** der Handlung genannt? .... ☐
- **Hauptteil:** Werden **Handlungsschritte** erzählt, die logisch aufeinander aufbauen? .... ☐
  Gibt es einen spannenden **Höhepunkt?** .... ☐
- **Schlussteil:** Wird die Geschichte am Schluss sinnvoll **abgerundet?** .... ☐
- **Sprache:** Werden **treffende Verben** und **anschauliche Adjektive** verwendet? .... ☐
  Wird **wörtliche Rede** eingesetzt, z. B. für Aussagen oder Gedanken der Figuren? .... ☐
  Wird durchgängig die **Zeitform Präteritum** eingehalten? .... ☐

Eine Geschichte untersuchen

Tierischer Schrecken in der Sommernacht

1 An einem Sommertag wollten Anton und Sina im Garten
ihrer Tante übernachten. Als es dunkel wurde, kletterten sie
in die große Hängematte und machten es sich mit Kissen
und Decken gemütlich. Sie bestaunten den Sternenhimmel,
und kurz darauf schliefen sie tief und fest.

2 In der Nacht erwachte Sina von einem seltsamen Geräusch.
Wie erstarrt lag sie da, als sich die Hängematte plötzlich
bewegte. Leise fragte sie: „Anton, bist du das?" „Was ist?
Warum weckst du mich?", murmelte er verschlafen.
Sina flüsterte: „Da schleicht jemand im Garten herum!"
Nun hörte auch Anton ein Rascheln im Gras. „Ist das ein
Einbrecher?", wisperte er erschrocken. Mit klopfenden
Herzen blickten die beiden über den Rand der Hängematte.

3 Unten auf der Wiese saß Charly, der niedliche, kleine Hund
der Tante, und versuchte, auf sich aufmerksam zu machen.
Erleichtert lachten die Kinder und holten Charly zu sich in
die Hängematte. Nun konnten sie beruhigt weiterschlafen.

1 Untersuche den Inhalt der Geschichte

a Wo sind Einleitung, Hauptteil und Schluss? Schreibe in die Kästen.

b Unterstreiche in der **Einleitung** die Namen der Figuren und den Ort.

c Was sind die wichtigsten **Erzählschritte?** Ergänze im Heft.

> Sina und Anton schlafen ein. → Sina hört etwas. → …

d Markiere den Höhepunkt der Geschichte.

2 Untersuche die Sprache der Erzählung.

a Unterstreiche Aussagen in wörtlicher Rede. Kennzeichne die Redebegleitsätze mit einer Wellenlinie.

b Markiere in Abschnitt 3 treffende Verben und anschauliche Adjektive.

c Zeige, dass die Geschichte im Präteritum erzählt wird. Umkreise drei Verbformen als Beispiel.

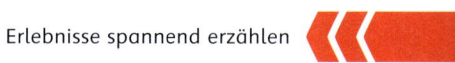

Eine spannende Geschichte schreiben

Yunis erinnert sich an eine Übernachtung mit seiner Zwillingsschwester Tara im Baumhaus der Großeltern. Nachts kamen Fledermäuse. Du sollst zu diesem Erlebnis eine spannende Geschichte schreiben.

1 **a** Lies noch einmal, was Yunis erlebt hat.

b Worum geht es in der Geschichte? Kreuze die richtige Aussage an.

A ☐ Es geht um zwei Kinder, die in einem Baumhaus im Garten ihrer Großeltern leben.

B ☐ Es geht um ein spannendes Erlebnis während einer Übernachtung auf einem Baumhaus.

C ☐ Es geht um Großeltern, die ihren Enkeln mitten in der Nacht einen Streich spielen.

D ☐ Es geht um einen Jungen und ein Mädchen, die das Leben der Fledermäuse erforschen.

2 **a** Plane deine Geschichte: Ergänze den Schreibplan mit deinen Ideen in Stichpunkten.

b Markiere den Höhepunkt der Geschichte und notiere Ideen für den Schluss.

Einleitung

Hauptfiguren: _Zwillinge Tara und Yunis_ _____

Zeit: _____

Ort: _____

Hauptteil

Was geschieht zuerst? _Kinder spielen im_ _____

_____

Welches Problem tritt auf? _____

_____

_____

An welcher Stelle fällt die Spannungskurve ab? _____

_____

Schluss

Wie wird der Text abgerundet? _____

_____

3 Die folgende Einleitung, die aus Sicht von Yunis geschrieben wurde, ist unvollständig.
Ergänze sie mit Hilfe der Vorgaben im Kasten.

knorrigen, alten Bäume • meine Schwester Tara • im Garten meiner Großeltern •
prächtige Baumhaus • ~~in den Sommerferien~~

An einem heißen Tag in den Sommerferien wollten _____

und ich _____ übernachten. Schon bei der

Ankunft staunte ich wieder einmal über die _____ und

das _____ hoch oben in der Baumkrone einer alten Kastanie.

4 Deine Geschichte sollte abwechslungsreich formuliert sein.
a Dieser Textausschnitt enthält zu viele Satzanfänge mit „dann". Markiere sie wie im Beispiel.
b Überarbeite den Text: Wähle Satzanfänge aus dem Kasten und notiere sie an den passenden Stellen.

anschließend • schließlich • ~~bei Sonnenuntergang~~ • nach einer Weile • kurz darauf

Bei Sonnenuntergang

Den Nachmittag verbrachten wir mit Klettern und Kartenspielen. <mark>Dann</mark> riefen Oma und Opa uns zum

Essen. Dann saßen Tara und ich gemeinsam auf der kleinen Terrasse des Baumhauses und knabberten

Erdnüsse. Dann rollten wir müde unsere Schlafsäcke aus. Dann stellte ich fest, dass Tara eingeschlafen

war. Ich konnte erst gar nicht einschlafen, weil ich zu aufgeregt war. Dann fielen auch mir die Augen zu.

5 Durch die richtige Wortwahl wird der Hauptteil deiner Erzählung spannend und anschaulich.
Lies den Textausschnitt und markiere jeweils das Adjektiv, das besser passt.

Da hörte ich auf einmal **seltsame/interessante** Geräusche. Waren es **gefährliche/unfreundliche** Tiere,

die in dem Baum lebten? Sekunden später schien plötzlich eine **fröhliche/unsichtbare** Hand über meine

Wange zu streichen. Im Mondlicht sah ich einen **flatternden/lustigen** Schatten an der Wand des Baum-

hauses. Ich fühlte, wie mein Herz raste. Hauste hier im Garten etwa ein **entsetzliches/zauberhaftes**

Gespenst?

+ 6 Spannend wirken Formulierungen wie z. B.: *auf einmal.*
Finde ähnliche Formulierungen im Text zu Aufgabe 5 und unterstreiche sie.

Schreibe eine eigene Erzählung in dein Heft.
Nutze dazu eine oder mehrere der folgenden Seiten (▶ S. 11–13).

Anschaulich und abwechslungsreich erzählen

Die Leserinnen und Leser deiner Geschichte sollen sich alles gut vorstellen können.

1 Wie sieht das Baumhaus aus, in dem die Kinder übernachten?
Beschrifte die beiden Zeichnungen auf dieser Seite mit den passenden Nomen aus dem Kasten.

> die Baumkrone • die Strickleiter • der Eingang • die Schaukel • die Terrasse • der Ast

die _____

2 Verwende beim Erzählen abwechslungsreiche Verben.
a Markiere im folgenden Text das Verb, das zu oft wiederholt wird.
b Überarbeite den Text in deinem Heft.
Nutze dabei die Verben aus dem Kasten.

> saßen • versteckte sich •
> hing • baumelte • bestand

> Am Nachmittag waren wir lange im Baumhaus und spielten Karten. Das Haus war aus dicken Brettern und war ziemlich weit oben auf den dicken Ästen des alten Baumes. Am Eingang war eine Strickleiter, auf der man in das Baumhaus klettern konnte. An einem Ast war eine Schaukel.

prache plus

3 Eine Geschichte erzählt man in der Zeitform Präteritum.

> **Schwache Verben** bilden das **Präteritum** mit **-te,** z. B.:
> hüpfen – ich hüpf**te**, staunen – er staun**te**,
> lachen – sie lach**ten**, klettern – wir kletter**ten**
>
> | | |
> |---|---|
> | ich sag**te** | wir sag**ten** |
> | du sag**test** | ihr sag**tet** |
> | er/sie/es sag**te** | sie sag**ten** |

Ergänze in den Sätzen die passenden Verbformen im Präteritum.

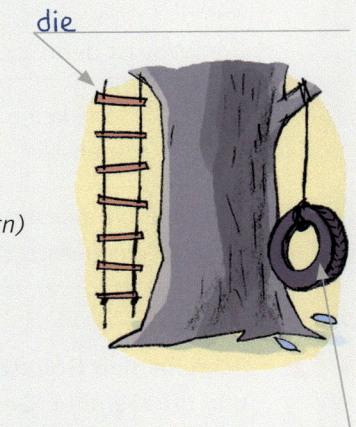

die _____

Das Baumhaus <u>versteckte sich</u> in der Baumkrone. *(sich verstecken)*

Tara _____ in einem alten Autoreifen. *(schaukeln)*

Ich _____ über eine Strickleiter auf das Baumhaus. *(klettern)*

Die Strickleiter _____ leicht über dem Rasen. *(schweben)*

Wir _____ Decken und Kissen ins Baumhaus. *(legen)*

Ich _____ eine Laterne auf den Tisch. *(stellen)*

✉ Gefühle und Gedanken ausdrücken

1 Im Hauptteil der Geschichte erzählst du ein spannendes Erlebnis.
Lass die Leserinnen und Leser wissen, was geschieht und was die Figuren dabei fühlen.

a Lies die Erzählschritte (1–5).

b Ordne den Erzählschritten passende Gefühle und Gedanken (A–E) zu.

c Ergänze einen möglichen Gedanken von Yunis in Abschnitt D.

Erzählschritte (Was passiert?)	Gefühle und Gedanken (Was fühlt/denkt Yunis?)
1 Behaglich kuschelte ich mich in meinen Schlafsack.	**A** Mein Herz begann, schneller zu schlagen. „Hast du das auch gehört?", fragte ich Tara erschrocken.
2 Plötzlich schreckte mich ein seltsames Geräusch aus dem Halbschlaf.	**B** „Das wird eine gemütliche Nacht", dachte ich. „Ich würde am liebsten immer hier draußen schlafen."
3 Es krabbelte um mich herum und irgendetwas berührte mein Gesicht.	**C** Voller Angst flüsterte ich meiner Schwester zu: „Wach auf! Ich glaube, hier ist ein Gespenst!"
4 Im Schein der Laterne erkannte ich einen verzerrten Schatten an der Wand. Sekunden später flatterte etwas über meinem Kopf.	**D** Mein Herz pochte bis zum Hals und ich fühlte, wie meine Hände zitterten. Mein einziger Gedanke war: „_____ _____!"
5 Blitzschnell zog ich mir den Schlafsack über den Kopf.	**E** Ich wurde unruhig. Waren das Insekten oder Mäuse, die in meinen Schlafsack kriechen wollten?

2 Wörtliche Rede macht deine Geschichte lebendiger.
Verbinde die Aussagen von Tara mit passenden Redebegleitsätzen und schreibe sie ins Heft. Beachte die Zeichensetzung.

Tara murmelte: „Was …?"
Sie rief genervt: „…?"
Sie sagte lachend: „…"
„…", erklärte sie ruhig.
„…", fügte sie hinzu.

Was ist denn los?

Ich sehe keine Gespenster!

Wieso machst du so ein Theater?

Das sind doch nur Fledermäuse.

Freu dich, dass es die hier noch gibt!

3 Schreibe den Hauptteil der Erzählung in dein Heft. Erzähle die wichtigsten Handlungsschritte und gib Gefühle, Gedanken und wörtliche Aussagen der Figuren wieder.
Nutze deine Notizen von ▶ S. 9 (Aufgabe 2a) und die Ergebnisse dieser Seite.

⊠ Leserinnen und Leser fesseln – Spannung erzeugen

> **A** In den Sommerferien wollten wir einmal eine Nacht im Baumhaus im Garten unserer Großeltern verbringen. Voller Freude zogen wir sofort los in den Garten und kletterten auf das Baumhaus.

> **B** An einem Sommertag freuten wir uns auf ein Wochenende bei unseren Großeltern, an dem wir eine lustige Nacht im Baumhaus verbringen wollten. Noch ahnten wir nicht, dass alles ganz anders kommen sollte.

1 Mit Andeutungen kannst du die Leserinnen und Leser fesseln und Spannung erzeugen.

a Vergleiche die beiden Einleitungen. Markiere die Andeutung in B.

b Was bewirkt die Andeutung in Einleitung B? Kreuze die zutreffende Antwort an.

[ ] Was geschehen wird, ist klar beschrieben. [ ] Die Andeutung macht neugierig.

c Formuliere eine Einleitung für deine Geschichte in deinem Heft. Baue eine Andeutung ein. Im Kasten findest du Anregungen.

> Doch es sollte etwas anders kommen als geplant. • Bis dahin schien alles in Ordnung. • Noch konnten wir nicht wissen, was uns in dieser Nacht erwartete.

2 Wie geht es Yunis während und nach der Begegnung mit den Fledermäusen? Beschreibe seine Gefühle mit passenden Redensarten. Ergänze die Lücken mit Hilfe des Kastens.

ich bibberte____ vor Angst   ich bekam _____ Knie

mein Puls _____   mir _____ ein Stein vom Herzen

ich _____ am ganzen Leib   _____ atmete ich auf

> erleichtert •
> zitterte •
> raste • fiel •
> ~~bibberte~~ •
> weiche

3 **a** Welche der folgenden Sätze sind so formuliert, dass sie spannend wirken? Kreuze sie an.

A [ ] Ich flüsterte mit zittriger Stimme in die Dunkelheit.

C [ ] Die Abenddämmerung ließ das Baumhaus in einem unheimlichen Licht schimmern.

B [ ] Ich fand die Flecken an der Wand gruselig.

D [ ] Ich sagte meiner Schwester, dass ich etwas bemerkt hatte.

b Überarbeite im Heft die Sätze, die du nicht angekreuzt hast. Verwende anschauliche Sprache.

4 Runde deine Geschichte ab. Vervollständige den Schluss A oder B in deinem Heft.

> **A** Wir kicherten noch lange darüber, dass …
> **B** Unsere Großeltern staunten, als wir am nächsten Morgen …

5 **a** Schreibe die vollständige Geschichte in dein Heft. Nutze deine Vorarbeiten aus diesem Arbeitsheft.

b Prüfe deinen Text abschließend mit Hilfe der Checkliste S.8 .

Erlebnisse erzählen

1 Wie ist eine spannende Erzählung aufgebaut?
Beschrifte die Spannungskurve mit den Begriffen aus dem Kasten. ☐ /5 Punkte

Schluss – Handlungsschritte – Einleitung – Hauptteil – Höhepunkt

5. _____

4.

3.

2.

_____   _____ im _____   6. _____

Neugier wecken ⟶ Spannung steigern ⟶ Spannung lösen

2 Welche Zeitform verwendest du meistens in deinen schriftlichen Erzählungen?
Kreuze an. ☐ /1 Punkt

☐ Präsens   ☐ Perfekt   ☐ Präteritum   ☐ Futur

3 Spannend und abwechslungsreich wird deine Erzählung, wenn du ausdrucksstarke
Wörter verwendest. Nenne jeweils drei andere Wörter für … ☐ /6 Punkte

den **Satzanfang**: dann, _____

das **Adjektiv**: ängstlich, _____

4 Zwei der folgenden Formulierungen sind nicht anschaulich. Streiche sie durch. ☐ /2 Punkte

vor Angst mit den Zähnen klappern – sich wie ein Schneekönig freuen –
Freude verspüren – starr vor Schreck sein – müde sein – unter Strom stehen

5 Hier kommt ziemlich oft „sagen" vor.
Ersetze das Verb durch andere passende Verben. ☐ /3 Punkte

„Schau, die Schatten bewegen sich. Ich habe Angst!", sagte
Emma mit rauer Stimme. „Das musst du nicht, es gibt sicher
eine natürliche Erklärung", sagte ich beruhigend. Aber auf
einmal sagte sie laut: „Da, sie kommen näher!"

6 Prüfe deine Lösungen mit Hilfe des Lösungsheftes und errechne deine Punktzahl.

☺ **17–13 Punkte**	☺ **12–6 Punkte**	☹ **5–0 Punkte**
Gut gemacht!	Gar nicht schlecht, aber lies dir die Tipps und Merkkästen auf den Seiten 8 bis 12 noch einmal genau durch.	Arbeite die Seiten 8 bis 12 noch einmal sorgfältig durch.

Nach Vorgaben erzählen

Vorgaben auswerten

1 Werte die Vorgabe aus. Betrachte das Bild genau und beantworte die folgenden Fragen:

Wer ist auf dem Bild zu sehen? _____

_____

Was finden die Kinder? _____

Wo passiert es? _____

2 Untersuche den Schreibplan für den Hauptteil.
a Zwei Handlungsschritte passen nicht zu den Vorgaben. Streiche sie durch.
b Die Handlungsschritte sind durcheinandergeraten. Bringe sie in eine sinnvolle Reihenfolge.

☐ nach einer Stunde alle erschöpft, Streit um richtige Abzweigung _____

☐ beim Hinrennen entdecke ich Schwert im umgepflügten Feld _____

☐ Erik bricht sich an der Kletterwand das Bein _____

☐ beim Losgehen alle fröhlich, rätseln, was wohl der Schatz sein könnte _____

☐ Lehrer erklärt Regeln für die Schnitzeljagd _____

☐ entdecken im Zoo eine entlaufene Schildkröte _____

☐ entdecken einen großen Stein (Findling) am Feldrand _____

 ▶▶▶ Schreibe eine Erzählung nach Vorgaben in dein Heft.
Nutze dafür eine oder mehrere der folgenden Seiten (▶ S. 16–22).

Zu Reizwörtern erzählen

Folgende Begriffe sollen in einer Reizwortgeschichte vorkommen.

| Zeltlager | Nachtwache | lautes Rascheln |

1 Schließe die Augen und stelle dir in Gedanken das <u>Zeltlager</u> vor. Notiere anschließend deine Vorstellungen in einem Cluster.

Lagerfeuer   große Zelte

Zeltlager

2 Auch die W-Fragen können beim Ideensammeln helfen. Beantworte die folgenden zum Begriff <u>Nachtwache</u>:

Wer übernahm die Nachtwache? _____

Wann begann die Nachtwache und wann endete sie? _____

Wo genau musste der Wachposten stehen? _____

Was passierte während der Nachtwache? _____

_____

_____

_____

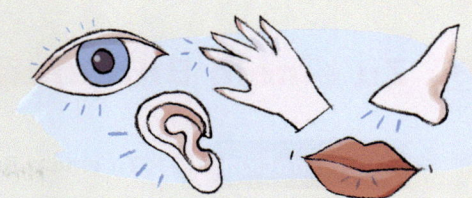

3 **a** Das Reizwort <u>lautes Rascheln</u> spricht eine Sinnes-
wahrnehmung an. Kreise das passende Symbol dafür ein.

b Notiere weitere Möglichkeiten, was mit <u>diesem</u> Sinn
während dieser Nacht wahrgenommen werden könnte:

_____

4 In der dunklen Nacht werden weitere Sinne angesprochen.

a Formuliere Empfindungen, die z. B. das Feuer und der
Geruch des Waldes auslösen können.

> **Beachte** bei der wörtlichen Rede
> die Zeichensetzung (▶ S. 99).

b Schreibe die Gedanken der Figuren in wörtlicher Rede in dein Heft, z. B.:
„Der Wind facht das Feuer an. Was, wenn wir die Kontrolle darüber verlieren?", schoss es mir durch
den Kopf.

5 **a** Entscheide, wie du die Geschichte erzählen willst.
Diese Form musst du beim Erzählen einhalten. Kreuze an.

☐ Ich-Erzählung, z. B. Ich fühlte …, mir wurde kalt …,
wir sahen uns erschrocken an …

☐ Er-/Sie-Erzählung, z. B. Er fühlte …, Marc wurde kalt …,
die Jungen sahen sich erschrocken an …

b Erstelle einen Schreibplan zu den Reizwörtern
<u>Zeltlager</u> – <u>Nachtwache</u> – <u>lautes Rascheln</u>.

> **Einen Schreibplan erstellen**
> Überlege dir einen sinnvollen
> Aufbau für deine Erzählung:
> - Die **Einleitung** führt in das
>   Geschehen ein und weckt
>   Neugier.
> - Der **Hauptteil** baut Span-
>   nung bis zum Höhepunkt
>   (oder zu mehreren) auf.
> - Der **Schluss** rundet die Ge-
>   schichte ab.

Einleitung:	_____
Figuren	_____
Zeit	_Mitternacht, …_
Ort	_____
Hauptteil:	_____
Wie war der Handlungsablauf?	_____
	_____
	_____
	_____
Schluss	_____
	_____

6 Verfasse nun zu deinem Schreibplan eine Erzählung in deinem Heft. Denke daran,
dass alle Reizwörter vorkommen müssen. Die Zeitform für das Erzählen ist das Präteritum.

7 Finde eine passende Überschrift und gehe deine Geschichte anhand der Checkliste **S. 8** ▶ durch.

⊠ Zu einem Bild erzählen

Information ❯ **Zu einem Bild erzählen**

Zu einem Bild erzählen bedeutet, dass du dir zu diesem einen Bild eine Erzählhandlung ausdenken musst.

Check ❯

- Die auf dem Bild gezeigte Situation muss in deiner Geschichte vorkommen. .... ☐
- Du musst die Situation sehr genau wiedergeben,
  z. B. müssen einzelne Details daraus vorkommen. .... ☐
- Die Figuren auf dem Bild müssen lebendig werden. .... ☐

1 **a** Betrachte das Bild möglichst genau.
Kläre anschließend die W-Fragen für die
<u>Einleitung</u> der Geschichte.

Wer? _____

_____

Wo? _____

_____

Wann? _____

_____

b Denke dir Namen für die Kinder aus und ergänze sie auf der Schreiblinie oben.

2 **a** Worum könnte es in einer Erzählung gehen, in der die abgebildete Szene vorkommt?
Wähle einen der Vorschläge aus und kreuze ihn an.

A ☐ Junge brach sich an der Seilbahn das Bein

B ☐ Kinder wurden im Kletterwald vergessen und mussten dort übernachten

C ☐ Junge hatte eigentlich Angst auf der Plattform, musste dann aber seine Schwester retten

b Wie kann die Geschichte im Kletterwald ablaufen?
Notiere oder zeichne deine Ideen in den Ablaufplan.
Markiere das Kästchen, in dem das Foto oben vorkommt.

Kinder liehen sich Kletterausrüstung aus. →	→	↓
Kinder belohnten sich mit einem Eis. ←	←	

> **Anschaulich erzählen: Mimik, Gestik und Körperhaltung schildern**
> Wenn du genau auf die Mimik (den Gesichtsausdruck) und die Gestik (die Ausdrucksbewegung
> der Arme und Hände), auf die Körperhaltung und -bewegung der Figuren eingehst, können sich
> die Leserinnen und Leser besonders gut in die Situation hineinversetzen, z. B.:
> *Tim stand mit hängenden Schultern da.*

3 Als „Regisseurin" bzw. „Regisseur" deiner Geschichte musst du genau sagen, wie deine Figuren ihre
Mimik, Gestik und Körperhaltung einsetzen.

a Verbinde die Figuren auf dem Bild und die Ausdrücke im Wortspeicher.

ängstlich blicken •
über das ganze Gesicht strahlen •
in verkrampfter Haltung dastehen

b Beschreibe die Situation genau, in der sich der Junge auf dem Foto ▶ S. 17 befindet.

_____

_____

c Finde Ausdrücke, die die Mimik, Gestik und Körperhaltung des Jungen beschreiben.

_____

_____

4 Der Junge oben auf der Plattform ist aufmerksam.
Versetze dich in den Jungen und notiere seine Gedanken und Gefühle im Cluster.

Das schaffe ich!		
zuversichtlich	**Junge auf Plattform**	

5 **a** Entscheide, wie du die Geschichte erzählen willst.
Diese Form musst du dann beim Erzählen einhalten. Kreuze an.

☐ Ich-Erzählung aus der Sicht des Jungen.   ☐ Ich-Erzählung aus der Sicht des Mädchens

☐ Er-/Sie-Erzählung

b Verfasse nun eine vollständige Erzählung zu dem Bild.
Halte die Erzählform ein. Gib der Geschichte auch eine passende Überschrift.
Prüfe deine Erzählung mit Hilfe der Checkliste **S. 15** ▶.

⊠ Zu einer Bildergeschichte erzählen

Information ▶▶   **Zu einer Bildergeschichte erzählen**

Die **vorgegebenen Bilder** zeigen nur die wichtigsten Momente im Ablauf der Handlung,
also **einzelne Handlungsschritte**.
Damit daraus eine Geschichte entsteht, musst du folgende Punkte beachten:

- Du musst weitere Handlungsschritte und Überleitungen ergänzen – wie bei einem Puzzle. .... ☐
- Deine Ergänzungen sind sinnvoll und passen zur Bildergeschichte. .... ☐
- Du berücksichtigst, bei welchem Bild der Höhepunkt der Geschichte liegt. .... ☐
- Der Höhepunkt ist gut ausgestaltet. .... ☐
- Deine Geschichte ist in der Ich-Form oder in der Er-/Sie-Form verfasst
  und diese Form wird eingehalten. .... ☐

✏️ **1**   Betrachte die Bildergeschichte genau und entwickle einen <u>Schreibplan</u> in deinem Heft:
Notiere zu jedem Bild einen Satz. Lass darunter jeweils vier bis fünf Zeilen frei.
Schreibe im <u>Präteritum</u>, denn in dieser Zeitform musst du deine Erzählung verfassen.
Beispiel: 1 Zwei Kinder (ein Junge, ein Mädchen) → ...

2 Überlege, an welchen Stellen zwischen den Bildern Handlungsschritte fehlen.

a Welcher Satz müsste auf einem leeren Puzzleteil zwischen Bild 3 und Bild 4 stehen?
Schreibe ihn an der richtigen Stelle in deinen Schreibplan.

A	Die Oma kam herein, machte Licht und beruhigte die Kinder.
B	Die Kinder krabbelten aus ihren Betten, bewegten sich auf Zehenspitzen zur Tür und blickten durch einen Spalt, konnten aber nichts erkennen.
C	Der Fernseher war explodiert, brannte nun lichterloh und stank fürchterlich.

b Welche beiden Bilder werden jeweils durch die anderen leeren Puzzleteile verbunden? Trage die Nummern in die Puzzleteile ein. Schreibe auch für diese Puzzleteile jeweils einen Satz an passender Stelle in deinen Schreibplan.

3 a Welche Überschrift passt am besten zu der Bildergeschichte? Kreuze an.

☐ Der Katzenschreck ☐ Die Katze macht das Fenster zu

☐ Angst in der Nacht ☐ Geheimnisvolle Geräusche

> **Die Überschrift: Interesse wecken**
> Eine gute Überschrift weckt das Interesse für deine Erzählung: Sie macht neugierig. Aber sie nimmt nicht schon zu viel vorweg!

b Verfasse selbst eine andere passende Überschrift für die Geschichte:

_____

4 Nicht alles kommt auf den Bildern vor, vieles musst du dazuerfinden.
Trage genaue Angaben für deine Einleitung (Bild 1) zusammen.

Wer?　　Die Figuren auf dem Bild brauchen Namen.

_____

Achtung: Hier entscheidest du, ob du eine Figur auf dem Bild bist!

☐ Ich-Erzählung oder ☐ Er-/Sie-Erzählung?

> **Die Einleitung**
> Die Einleitung führt in das Geschehen ein (Figuren, Ort, Zeit, Situation). Du kannst eine Andeutung machen, wie die Geschichte weitergeht und damit Neugier wecken. Außerdem musst du dich entscheiden, ob du eine Ich-Erzählung oder eine Er-/Sie-Erzählung schreiben willst.

Wann?　_____

Wo?　_____

Andeutung?　_____

_____

_____

> **Wörtliche Rede verwenden: Gedanken und Gefühle ausdrücken**
> Lass die Figuren an wichtigen Stellen in deiner Geschichte sprechen, denn die wörtliche Rede macht eine Erzählung lebendig und fesselnd. Denke dabei an die richtigen Anführungs- und Satzzeichen (▶ S. 99).

5 Formuliere die Gefühle und Gedanken der beiden Kinder in diesem Bild. Welche Fragen und Ängste haben sie?

> **Abwechslungsreich erzählen**
> Eine Erzählung wird spannender, wenn man **ausdrucksstarke Verben** und **anschauliche Adjektive** benutzt, z. B.: *Eva und Oliver schlichen über den dunklen Gang und blinzelten angespannt in die undurchdringliche Dunkelheit.*
> Verwende **abwechslungsreiche Satzanfänge**. Achte auf das korrekte Tempus: **Präteritum**.

6 **a** Setze in den folgenden Textausschnitt passende Satzanfänge ein.
b Unterstreiche die Verben der Redebegleitsätze und verbessere sie in die korrekte Tempusform. Nutze dafür die Linien neben dem Text.

> Plötzlich • Gerade •
> Kurz darauf • Da

„Ich kann nichts erkennen", <u>hat</u> Eva <u>geflüstert</u> und lugte in das   flüsterte _____

düstere Treppenhaus. _____ wollte Oliver ihr   _____

antworten, dass er auch nichts sehen konnte, als ein Schatten an   _____

der Wand auftauchte. _____ huschte eine   _____

kleine Gestalt über die Stufen. Oliver hat gestottert: „Was war   _____

das?" _____ hörten die beiden Kinder schon   _____

wieder ein unheimliches Geräusch. „Da ist etwas vor unserer Haus-   _____

tür!", hat Eva entsetzt aufgeschrien. _____   _____

klapperte es an der Eingangstür.   _____

7 Verfasse nun eine komplette Erzählung zu den Bildern. Schreibe in dein Heft. Bereits erarbeitete Textteile darfst du gerne in deine Geschichte einbauen. Prüfe deine Erzählung mit Hilfe der Checkliste S. 15 ▶.

Nach Vorgaben erzählen

1 Welche Aussagen zum Erzählen nach Vorgaben stimmen, welche nicht? ☐ /3 Punkte
Kreuze die richtigen an.

A ☐ Beim Erzählen nach Vorgaben erzähle ich meine eigenen Erlebnisse.

B ☐ Die Vorgaben müssen in meiner Erzählung vorkommen.

C ☐ Handlungsschritte und Überleitungen muss ich ergänzen, damit die Handlung nachvollziehbar wird.

D ☐ Meine Ergänzungen können noch ein weiteres, ganz anderes Thema einbringen.

E ☐ Als Tempusform wähle ich das Futur.

F ☐ Ich schreibe durchgehend in der Ich-Form oder in der Er-/Sie-Form.

2 Vorgegeben sind die Reizwörter Klettergarten – Strickleiter – Vogelnest. ☐ /7 Punkte
Kreuze die Ideen an, die zu diesen Vorgaben passen.

☐ Wandertag ☐ ich und meine Freunde ☐ Angst im Dunkeln

☐ entdecken riesiges Vogelnest ☐ eingerichtet wie versunkenes Schiff

☐ Stromausfall ☐ morsche Strickleiter hinter Absperrung ☐ Tür geht nicht mehr auf

☐ Vogelnest leer ☐ Strickleiter reißt ☐ Kind fällt, kann sich an Ast festhalten

3 Überarbeite folgenden Anfang einer Erzählung nach Vorgaben. ☐ /4 Punkte
Streiche fehlerhafte Textstellen durch und schreibe deine Verbesserung darüber.

Am letzten Dienstag stand ich extra früh auf, denn endlich fand unser lang ersehnter Wandertag statt. Ich ahnte nicht, welche Aufregung er bereithielt.

In Vierergruppen durften wir einen Baumwipfelpfad erkunden. Ich war froh, denn ich war mit meinen Freunden Leo, Artem und Lina in einer Gruppe. Ein Betreuer erklärte uns kurz die Sicherheitsregeln und verteilte Helme und Gurte. Dann ging es schon los, denn wir waren die erste Gruppe. Ich lief voraus zum Aufstieg, die anderen folgten ihr begeistert.

4 Prüfe deine Lösungen mit Hilfe des Lösungsheftes und errechne deine Punktzahl.

☺ **14-12 Punkte**	☺ **11–8 Punkte**	☹ **7–0 Punkte**
Gut gemacht!	Gar nicht schlecht, aber lies dir die Tipps und Checklisten auf den Seiten 15 bis 19 noch einmal genau durch.	Arbeite die Seiten 15 bis 19 noch einmal sorgfältig durch.

Information ⟫ **Schriftlich nacherzählen**

Check ⟩

Beim schriftlichen Nacherzählen gilt Folgendes:

- In einer kurzen **Einleitung** informierst du über das **Wer, Wo und Wann**. ....☐
- Du erzählst die einzelnen **Handlungsschritte** in derselben **Reihenfolge wie im Original**. ...☐
- Hat das Original einen **Höhepunkt**, gestaltest du ihn auch in der Nacherzählung aus. ....☐
- Du erfindest **nichts Neues** hinzu (z. B.: Orte, Figuren). ....☐
- Du erzählst **in eigenen Worten**, nur wichtige **Kernstellen** darfst du **wörtlich wiedergeben**. ....☐
- Du verwendest **wörtliche Rede** sowie passende **Adjektive**, um deine Erzählung so zu gestalten, dass sie zur Vorlage passt. ....☐
- Du bleibst bei der **Zeitform des Originals**, das ist meistens das Präteritum. ....☐

Eine Schelmengeschichte verstehen

Eulen und Meerkatzen

Als Eulenspiegel nach Braunschweig kam, wohnte er in einer Herberge. In der Nähe hatte ein Bäcker seine Bäckerei. Der Bäcker sprach Eulenspiegel an und fragte ihn, was für einen Beruf er habe. Till antwortete: „Ich bin Bäckergeselle." „Oh", sagte der Bäckermeister, „mir fehlt gerade ein Bäckergeselle. Willst du bei

5 mir arbeiten?" Eulenspiegel war einverstanden und sagte: „Ja."

Als Till nun zwei Tage in der Bäckerei war, beauftragte ihn der Bäcker, für den nächsten Morgen allein zu backen, denn er könne ihm in dieser Nacht nicht helfen.

Eulenspiegel fragte: „Ja, aber was soll ich denn backen?"

10 Der Bäcker ärgerte sich über die Frage, denn was sollte man in einer Bäckerei auch anderes backen als Brot und Brötchen? Er wurde zornig und fragte: „Weißt du nicht, was du backen sollst? Bist du ein Bäckergeselle oder nicht? Was backt man in einer Bäckerei?" Als Till nicht antwortete, sprach der Bäckermeister spöttisch weiter: „Dann back doch Eulen und Meerkatzen!" Und damit legte er

15 sich schlafen.

Till aber ging in die Backstube, heizte den Backofen, knetete Teig und backte lauter Eulen und Meerkatzen, so wie der Bäcker wörtlich gesagt hatte – die ganze Backstube voll.

Der Meister stand morgens auf und ging in die Backstube. Doch da fand er kein

20 Brot und keine Brötchen, sondern lauter Eulen und Meerkatzen! Er wurde zornig und schimpfte: „Was ist dir denn eingefallen? Was hast du da gebacken?"

Eulenspiegel antwortete: „Eulen und Meerkatzen. Genau das hast du mir gesagt."

Der Meister schimpfte weiter: „Was soll ich denn bloß mit diesem Zeug machen? Das kann ich nicht verkaufen!" Er packte Eulenspiegel am Kragen und forderte:

25 „Du bezahlst mir meinen Teig und verschwindest dann!"

So geschah es. Eulenspiegel zahlte, nahm die Eulen und Meerkatzen und ging.

Eulenspiegel ging auf den Markt. Dort baute er seine Eulen und Meerkatzen auf und rief laut: „Eulen und Meerkatzen zu verkaufen! Eulen und Meerkatzen zu verkaufen! Sonderpreis!"

30 Am selben Tag verkaufte er alle Eulen und Meerkatzen und nahm mehr Geld ein, als er dem Bäcker für den Teig bezahlt hatte.

1 **a** Lies die Überschrift und betrachte die Bilder. Vervollständige den Lückentext.

Auf den Bildern erkenne ich _____. Er ist wohl die Hauptfigur

der Geschichte. Außerdem sehe ich Teig und _____ in verschiedenen

Formen. Auf einem Bild ist ein wütender Mann. Es ist ein _____.

b Um welche Art Geschichte handelt es sich? Verbinde die richtige Aussage mit ihrer Begründung.

Es handelt sich um ein Märchen,	… denn die Bilder geben eine Schritt-für-Schritt-Anleitung zum Backen.
Es handelt sich um eine Schelmengeschichte,	… denn es kommen fantastische Gestalten vor.
Es handelt sich um ein Rezept,	… denn die Hauptfigur ist für ihre Streiche berühmt.

c Kläre die Begriffe „Bäckergeselle" und „Meerkatzen". Kreuze die richtige Aussage an.

Meerkatzen sind … ☐ ein Spielzeug ☐ eine Eulenart ☐ eine Affenart

Ein Bäckergeselle hat … ☐ immer Lust auf Brot ☐ eine Lehre zum Bäcker abgeschlossen

2 Hier stehen Stellen aus dem Text, die das Wer, Wo und Wann beantworten.
Ergänze jeweils die W-Fragen, auf die sie eine Antwort geben.

Eulenspiegel, ein Bäcker *Wer ist beteiligt?* _____

Braunschweig _____

Als Eulenspiegel nach Braunschweig kam _____

3 „Dann back doch Eulen und Meerkatzen!"
  a Lies noch einmal Zeile 9–15. Markiere das Adjektiv, das zeigt, wie der Bäcker den Ausruf meint.
  b Was könnte der Bäcker bei seinem Ausruf denken? Verbinde die passende Denkblase mit dem Bild.

Vielleicht macht Till das Backen mehr Spaß, wenn er etwas formen darf!

Lustig geformtes Brot kaufen die Leute bekanntlich lieber.

Warum weiß der Dummkopf nicht, was er backen soll?

Das sind schließlich meine Lieblingstiere.

c Wie reagiert Till auf den Ausruf? Kreuze an.

Till nimmt den Ausruf … ☐ sehr ernst. ☐ wörtlich. ☐ auf die leichte Schulter.

☐☒☒ Schreibe eine Nacherzählung der Geschichte in dein Heft.
  Nutze dafür eine oder mehrere der folgenden Seiten (▶ S. 26–28).

▶ Eine Nacherzählung planen

1 **a** Teile den Text in Abschnitte ein. Trage die entsprechenden Zeilenangaben ein. Die Bilder helfen.
   b Notiere die wichtigen Handlungsschritte in die rechte Spalte.

Z.1–5	Till wird von einem Bäcker in Braunschweig angestellt.
Z.6–8	Bäcker beauftragt Till, in einer Nacht allein zu backen.
Z. ___ – ___	
Z. ___ – ___	
Z. ___ – ___	
Z. ___ – ___	
Z.30–31	Till kann alle seine Brote verkaufen und verdient dabei sogar noch Geld.

   c Plane deine Nacherzählung: Was gehört in die <mark>Einleitung</mark>, was in den <mark>Schluss</mark>?
      Markiere die Handlungsschritte mit verschiedenen Farben.

2 **a** Die folgende Einleitung ist noch ungenau.
      Übertrage sie ins Heft und ergänze sie

> … kam während seiner Zeit in … in eine Bäckerei.
> Der Bäcker fragte Till nach seinem … .
> Till behauptete, dass er ein … sei.
> Der Bäcker stellte ihn daraufhin ein.

   b Setze die Nacherzählung im Heft fort.
      Nutze die Handlungsschritte aus Aufgabe 1.
   c Prüfe deine Nacherzählung mit Hilfe der Checkliste S. 24.

✉ Eine Nacherzählung ausgestalten

1 Hier sind Textstellen in eigenen Worten nacherzählt worden. Eine der Textstellen ist eine Kernstelle. Sie muss aber wörtlich übernommen werden. Kreuze sie an.

1. ☐ „Weißt du nicht, was du backen sollst? Bist du ein Bäckergeselle oder nicht? Was backt man in einer Bäckerei?"
„Du musst doch wissen, was wir Bäcker backen, du hast doch den Beruf gelernt!"

2. ☐ Als Till nicht antwortete, sprach der Bäckermeister spöttisch weiter:
Weil Till schwieg, sagte der Bäckermeister ärgerlich:

3. ☐ „Dann back doch Eulen und Meerkatzen!"
„Dann mach doch, was du willst, du Dummkopf!"

2 Verknüpfe die folgenden Sätze sinnvoll mit den Wörtern aus dem Kasten. Achtung! Manchmal musst du Wörter umstellen.

> ~~sodass~~ • schließlich • deshalb • und • denn

Der Bäcker fand Tills Frage frech. Er wurde zornig.

<u>Der Bäcker fand Tills Frage dumm, sodass er zornig wurde.</u>

Till stellte sich dumm. Er wollte dem Bäcker einen Streich spielen.

_____

Der Bäcker wurde rot vor Wut. Er schrie los.

_____

Till nahm den Ausruf des Bäckers mit Absicht wörtlich. Er formte aus dem Brotteig Eulen und Affen.

_____

Sprache plus ▸

3 a Betrachte die markierten Nominalgruppen. Wähle für den Folgesatz jeweils das passende Textpronomen und schreibe es in die Lücke.
b Verbinde die Nominalgruppen und die Textpronomen mit einem Pfeil.

> ihm • sie • ~~ihn~~ • sie • ihnen

<mark>Der freche Till</mark> traf einmal in Brauschweig einen Bäcker, der <u>ihn</u> nach seinem Beruf fragte.

<mark>Der Bäcker</mark> suchte einen Gesellen und Till fing bei _____ zu arbeiten an.

Till hatte <mark>Eulen und Meerkatzen</mark> aus Brotteig gebacken. Als der Bäcker _____ sah, wurde er wütend.

<mark>Die Braunschweigerinnen und Braunschweiger</mark> kamen neugierig zu Till gelaufen. _____ gefielen

die lustigen Brote <mark>des berühmten Schelmen</mark> und _____ kauften _____ seine ganze Ware ab.

4 a Schreibe eine eigene Nacherzählung in dein Heft.
Du kannst deine bisherigen Ergebnisse nutzen.
b Prüfe deine Nacherzählung mit Hilfe der Checkliste **S. 24** ▸

Eine Nacherzählung überarbeiten

1 a Hier wurde zu viel Text wörtlich abgeschrieben.
Streiche diese Stellen durch und formuliere sie neu. Schreibe in dein Heft.

> **A** Als Till zwei Tage in der Bäckerei war, befahl ihm der
> Bäckermeister, allein zu backen, denn er könne ihm in dieser Nacht nicht helfen.

b Abschnitt B hört sich noch langweilig an. Überarbeite ihn im Heft.
Ersetze das Verb „sagen" und ergänze anschauliche Formulierungen.
Du kannst die Vorschläge aus dem Kasten nutzen.

> die Achseln zucken • sich über jemanden lustig machen • sich dumm stellen •
> der genervte Bäckermeister • nachfragen • stumm wie ein Fisch bleiben •
> brüllen wie ein Stier • jemanden verhöhnen • außer sich vor Wut geraten

> **B** Till sagte: „Was soll ich denn backen?" Der Bäcker sagte: „Ein Bäckergeselle sollte das wissen."
> Till sagte nichts. Da sagte der Bäcker: „Dann back doch Eulen und Meerkatzen!"

2 Als der Bäcker Till am nächsten Morgen entsetzt fragt, was er denn da gebacken habe,
antwortet dieser: „Eulen und Meerkatzen. Genau das hast du mir gesagt." (Zeile 22)

a Untersuche die Umformulierungen von Tills Antwort. Verbinde sie mit der passenden Aussage.

> „Na, Äffchen und Eulen, das hast du mir doch befohlen!"

> „Ganz besondere Brote, die den Menschen sicher gut gefallen werden."

> Man kann erkennen, dass Till die Aufforderung des Bäckers wörtlich genommen hat.

> „Ich habe das gebacken, was du wolltest: Eulen und Meerkatzen."

> „Ich habe einfach mal etwas ausprobiert, dann sind diese lustigen Tiere herausgekommen."

> Die Umformulierung geht nicht auf die Aufforderung des Bäckers ein.

b Streiche die unpassenden Umformulierungen durch.

3 a Im folgenden Text sind die Handlungsschritte durcheinandergeraten.
Bringe sie in die richtige Reihenfolge.
b An einer Stelle wurde Unpassendes hinzuerfunden. Streiche sie.

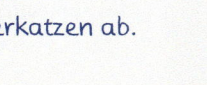

☐ Der Bäcker schrie außer sich vor Wut: „Die Zutaten zum Teig haben mich Geld gekostet!
Das musst du mir ersetzen. Danach geh mir aus den Augen – und nimm deine Brote mit." Till gab
ihm das Geld und verließ mit den Broten die Bäckerei.

☐ Till verdiente durch den Verkauf viel Geld. Er freute sich, weil der Streich genau so funktioniert
hatte, wie er ihn schon vor Wochen mit seinem Freund Emil geplant hatte.

☐ Mit seinen besonderen Broten lief Till zum Markt und pries sie dort lautstark an.
Die Braunschweigerinnen und Braunschweiger kauften ihm alle Eulen und Meerkatzen ab.

4 a Schreibe die komplette Nacherzählung in dein Heft. Du kannst deine bisherigen Ergebnisse nutzen.
b Prüfe deine Nacherzählung mit Hilfe der Checkliste **S. 24**.

Nacherzählen

1 Welche Aussagen zum Nacherzählen sind richtig (r), welche falsch (f)? Kreuze an. ⬜ /6 Punkte

	r	f
In der Einleitung informiere ich über das Wer, Wo und Wann.	⬜	⬜
Ich schreibe dazu, um welche Art von Text es sich handelt, z. B. ein Märchen.	⬜	⬜
Ich gebe die gesamte Geschichte in eigenen Worten wieder.	⬜	⬜
Ich erzähle in eigenen Worten, wichtige Kernstellen darf ich wörtlich wiedergeben.	⬜	⬜
Wenn die Originalgeschichte keinen echten Höhepunkt hat, erfinde ich einen dazu.	⬜	⬜
Ich darf neue Orte oder Figuren dazuerfinden, damit meine Geschichte besser wird.	⬜	⬜

2 Überarbeite die Nacherzählung einer Geschichte von Nasreddin Hodscha. ⬜ /3 Punkte

a Die Einleitung beantwortet das Wer, Wo und Wann nur sehr ungenau.
Streiche die ungenauen Angaben und schreibe die passenden darüber.

Die trafen sich einmal.

Als sie durstig wurden, wollten sie dort ein Glas Milch

teilen, weil sie beide nicht viel Geld hatten.

> in einem Laden • Der Hodscha und
> sein Freund • an einem heißen Tag

b Im nächsten Abschnitt fehlen Satzverknüpfungen. ⬜ /3 Punkte
Wähle die passenden aus dem Kasten und schreibe sie in die Lücken.

> sofort • später • obwohl • vorgestern • daraufhin • weil

_____ Nasreddins Freund nur süße Milch mochte, sagte er:

„Ich habe ein bisschen Zucker dabei, der reicht aber nur für meine Hälfte, trink also du zuerst."

_____ antwortete der Hodscha: „Gib ihn doch jetzt hinein."

_____ wurde der Freund ärgerlich: „Ich will den Zucker aber ganz allein für mich!"

c Vermeide Wortwiederholungen: Fülle die Lücken ⬜ /3 Punkte
mit dem jeweils passenden Textpronomen.

> ~~er~~ • sie • es • ihm

Da holte der Hodscha ein bisschen Salz hervor. Er zeigte _____ dem Freund und sagte zu

_____ : „Dann trinke ich die Milch zuerst. Ich trinke _____ aber gern salzig."

3 Prüfe deine Lösungen mit Hilfe des Lösungsheftes und errechne deine Punktzahl.

😊 15–13 Punkte	😐 12–6 Punkte	☹️ 5–0 Punkte
Gut gemacht!	Gar nicht schlecht, aber lies dir die Tipps und Merkkästen auf den Seiten 24 bis 26 noch einmal genau durch.	Arbeite die Seiten 24 bis 27 noch einmal sorgfältig durch.

Ein Märchen untersuchen und fortsetzen

Methode > **Ein Märchen weiterschreiben**

Wenn du ein Märchen schreibst, solltest du die Besonderheiten der Textsorte beachten: **Check** >

- Treten typische **Märchenfiguren** auf, z.B. Prinzessin, König, armes Kind, Fee, …? .... ☐
- Gibt es eine **schwierige Aufgabe,** die von der Heldin oder dem Helden gelöst wird? .... ☐
- Kommen **besondere Zahlen** (z.B. 3, 9), **magische Gegenstände** oder **sprechende Tiere** vor? . ☐
- Wird am Ende das Gute belohnt und das Böse bestraft? .... ☐
- Kommt **märchenhafte Sprache** vor, z.B. Anfangs- und Schlussformel (*Es war einmal …* / *Und wenn sie nicht gestorben sind, …*), Zauberformeln, Sprüche, Reime? .... ☐
- Bleiben **Ort und Zeit ungenau**, z.B. *vor langer Zeit, hinter den Bergen?* .... ☐
- Wurde in der Zeitform **Präteritum** erzählt? .... ☐

Märchenmerkmale erkennen

Die drei Fischschuppen

Es war einmal ein armer Bauernjunge, der am Fuße eines Schlosses lebte. Jeden Abend saß er am Schlossgraben und betrachtete die Fische. Eines Tages ließ der König verkünden: „Eine böse Hexe
5 hat meine Tochter entführt. Wem es gelingt, die Prinzessin wohlbehalten zurück ins Schloss zu bringen, der darf sie heiraten."
Der Junge wollte sofort aufspringen, um die schöne Prinzessin zu retten. Doch dann verließ ihn der
10 Mut, und er sagte zu sich: „Was kann ich armer Bursche schon tun?" Im selben Moment schaute ein Karpfen aus dem Wasser und sprach: „Du bist ein guter Junge, und ich will dir helfen. Nimm diese drei Schuppen. Für jede Schuppe hast du einen Wunsch frei. So wird es dir gelingen, die Prinzes- 15 sin zu befreien." Der Junge dankte dem Karpfen und machte sich auf in den Hexenwald.
Am Eingang des Waldes versperrte ihm ein großer Felsblock den Weg. „Ach, wäre ich bloß kräftiger, dann könnte ich den Felsen zur Seite rollen", sagte 20 der Junge. Da erinnerte er sich an den Karpfen. Er griff nach der ersten Fischschuppe und – schupp-di-wupp – ließ sich der schwere Stein ganz einfach wegschieben. Der Weg war nun frei, und der Junge lief in den Hexenwald hinein … 25

1 Lies das angefangene Märchen und finde Märchenmerkmale.

a Welche Aufgabe muss der Bauernjunge lösen, um die Belohnung zu erhalten?

Der Bauernjunge soll _____ .

b Welche weiteren Märchenmerkmale kommen vor? Trage die im Text markierten Begriffe passend ein.

typische Märchenfiguren:	magische Zahlen/	sprechende Tiere:
armer Bauernjunge,	Gegenstände:	

c Unterstreiche zwei Stellen mit märchenhafter Sprache. **Tipp:** Lies die Beispiele im Merkkasten oben.

d Märchen stehen in der Zeitform Präteritum. Ergänze drei weitere Beispiele aus dem Text.

war, lebte, _____

Erzähle das Märchen im Heft weiter.

 Nutze dazu eine oder mehrere der folgenden Seiten (▶ S. 31–33).

▶ Einen Schreibplan erstellen

1 a Mit der ersten Fischschuppe gelangt der Junge in den Hexenwald. Welche Aufgaben löst er dort? Sammle Ideen für eine Fortsetzung des Märchens. Übertrage den Cluster ins Heft und ergänze ihn.

> Hexe stellt dem Jungen ein Rätsel
>
> goldene Blätter
>
> Tiere helfen:
>
> Die drei Fischschuppen
>
> Suche nach der Prinzessin:

b Welche deiner Ideen sind Aufgaben oder Probleme für den Bauernjungen? Markiere sie mit einem gelben Stift. Welche Hilfe kann der Junge durch die Fischschuppen bekommen? Markiere sie mit einem roten Stift.

2 a Lies den Schreibplan für eine Märchenfortsetzung.
b Wähle aus deinem Cluster die Ideen aus, die du in deine Fortsetzung aufnehmen möchtest.
c Trage sie in den Schreibplan ein.

Schreibplan

Figuren	Bauernjunge _____ _____
magischer Gegenstand/ magische Zahl	_____ _____ _____
Handlung im Hauptteil	2. Aufgabe/Problem: _____ Hilfe durch Gegenstand/Figur: _____ 3. Aufgabe/Problem: _____ Hilfe durch Gegenstand/Figur: _____
Schluss	Wie wird das Böse bestraft?: _____ Wie wird das Gute belohnt?: _____

---

3 a Schreibe deine Fortsetzung des Märchens in dein Heft. Nutze deinen Schreibplan und die Hilfen im folgenden Kasten. Beachte, dass dein Text zum Anfang und zum Ende des Märchens passen muss.
b Prüfe deinen Text mit der Checkliste S. 30 ▶.

> Der Bauernjunge lief tapfer/mutig/ängstlich in den Hexenwald hinein.
> Nach einer Weile gelangte er an eine Höhle / einen Fluss / ein Haus / …
> Als er sich näherte, entdeckte er … Ängstlich/Neugierig versuchte er, … Doch leider …
> Er griff zur **zweiten Fischschuppe** und sprach: „…" Und – schupp-di-wupp – passierte es: …
> Wenig später … Da erblickte er … Mutig / Voller Angst / Freudig …
> Gut, dass er die **dritte Schuppe** hatte! Schupp-di-wupp – wünschte er sich …

⊠ Eine Märchenfortsetzung überarbeiten

1 **a** Diese Fortsetzung des Märchens enthält genaue Orts- und Zeitangaben. Streiche sie.

b Finde umgangssprachliche Ausdrücke in dem Text. Streiche sie durch und ersetze sie durch passende Ausdrücke aus dem Kasten. Schreibe in die Randspalte.

> **Tipp:** Vermeide Umgangssprache in deiner Märchenfortsetzung.

Ach, lieber Bär • ~~bedrohlich~~ • erschrak • Folge mir • wurde plötzlich sanft • Lieber Junge

---

Der Junge lief los von Blaubeuren aus in Richtung Bad Urach. Er erreichte nach fünf Stunden eine Höhle, die von einem Bären bewacht wurde. Als der Bär den Jungen sah, brüllte er ~~total aggressiv~~, sodass der Bauernjunge voll Angst bekam. „Alter," rief der Junge, „so lass mich doch vorbei. Ich werde dir auch nichts Böses tun. Ich will es dir gerne erklären. Aber ich spreche leider deine Sprache nicht." Er griff zur zweiten Fischschuppe und sprach: „Fischschuppe, hilf mir, die Sprache der Bären zu sprechen." Und – schupp-di-wupp – konnte der Junge plötzlich mit dem Bären sprechen. Dieser entspannte sich, und nachdem der Junge ihm seine Lage erklärt hatte, sagte er: „Ey Mann, ich werde dir helfen, die Prinzessin zu finden. Da lang." Das alles passierte am 11. Juni 1673.

bedrohlich

Sprache plus

2 Hier wurden zwei Ideen für den Hauptteil ausformuliert. Ergänze die Verbformen im Präteritum.

Tipp: In Teil A musst du schwache Verben einsetzen, in Teil B starke Verben. Die Kästen unten helfen dir.

A Der Bauernjunge **näherte** (nähern) sich dem Haus. Er _____ (entdecken) die Hexe,

die den Eingang streng _____ (bewachen). Schnell _____ (berühren) er

die zweite Fischschuppe und _____ (sagen) leise: „Verzaubere die Hexe in einen

Regenwurm!" Und – schupp-di-wupp – _____ (verwandeln) sich die böse

Hexe …

> **schwache Verben im Präteritum**
> berühr**te** • bewach**te** • entdeck**te** • sag**te** • verwandel**te**

B Der Junge **betrat** (betreten) das Haus und _____ (steigen) in den Keller hinab. Da

_____ (sitzen) die Prinzessin und _____ (rufen) erleichtert: „Ich bin gerettet!

Lass uns fliehen!" Der Bauernjunge _____ (greifen) nach der dritten Schuppe und

_____ (bitten) darum, schnell nach Hause zu kommen. Da _____ (fliegen) ein

großer Adler herbei …

> **starke Verben im Präteritum**
> b**a**t • fl**o**g • griff • s**a**ß • sti**e**g • ri**e**f

3 **a** Schreibe die Fortsetzung des Märchens in dein Heft. Verwende das Präteritum und märchenhafte Sprache.

b Prüfe deinen Text mit der Checkliste **S.30**.

Ein Märchen weiterschreiben

Der verzauberte Karpfen

Es war einmal ein junges Königspaar, das lebte auf einem Schloss. Ein sprechender Karpfen aus dem Schlossgraben hatte einst geholfen, die Prinzessin aus großer Gefahr zu retten. Einige Jahre später
5 wurde sie Königin und regierte ihr Land gütig und weise.
Jeden Tag besuchte sie den Karpfen. Sie brachte ihm Futter und unterhielt sich mit ihm. Eines Tages aber war der Fisch verstummt. Mit traurigen Augen blickte er die Königin an, doch kein Ton 10 kam mehr über seine Lippen. Verzweifelt setzte sie sich ans Ufer.
Da erschien ein Zwerg, der sprach:
„Der Karpfen ist verzaubert worden. Doch du kannst ihn retten. Es gibt ein Geheimnis, das er 15 nie jemandem verraten hat." Damit verschwand der Zwerg. Die Königin machte sich auf, um den Karpfen von dem Zauber zu erlösen ...

1 Wie soll das Märchen weitergehen? Kreuze Ideen an oder notiere eigene.

- [ ] Die Königin findet einen magischen Gegenstand.
- [ ] Die Königin fährt zur Feeninsel.
- [ ] Sie reitet zum Zauberschloss.
- [ ] _____

2 Plane dein Märchen mit dem Schreibplan. Kreuze passende Vorschläge an und ergänze eigene Ideen.

Schreibplan

Figuren	[X] die Königin [ ] Zauberer [ ] _____
magischer Gegenstand / magische Zahl	[ ] Schlüssel [ ] Zauberstein [ ] _____
Handlung im Hauptteil	1. Aufgabe/Problem: _____ Hilfe durch Gegenstand/Figur: _____ _____ 2. Aufgabe/Problem: _____ Hilfe durch Gegenstand/Figur: _____ _____
Schluss	Wie wird das Böse bestraft?: _____ Wie wird das Gute belohnt?: _____

3 **a** Schreibe die Fortsetzung des Märchens in dein Heft. Verwende das Präteritum und märchenhafte Sprache.
b Prüfe deinen Text mit der Checkliste S. 30 .

Ein Märchen fortsetzen

1 Kreuze an: Welche Merkmale sind typisch für Märchen? ☐ /4 Punkte

☐ Figuren mit typischen Eigenschaften (weiser König, gute Fee …) ☐ reale Geschichten

☐ Anfangs- und Schlussformel, Zaubersprüche, Reime ☐ nehmen ein gutes Ende

☐ in Reimform geschrieben ☐ Ort und Zeit sind bekannt

☐ in moderner Sprache verfasst ☐ magische Zahlen

2 **a** Die folgende Nacherzählung enthält Angaben, die nicht zu einem Märchen passen. ☐ /2 Punkte
Streiche sie.

b Finde umgangssprachliche Ausdrücke in dem Text. Streiche sie durch ☐ /9 Punkte
und ersetze sie durch passende Ausdrücke. Schreibe in die Randspalte.

Der Junge und der Bär hatten am 11. Juni 1673 um 16:15 Uhr die Sontheimer Höhle durchquert. Da erblickte der Junge die Prinzessin. Sie war gefangen in einem Käfig. „Lieber, starker Bär", laberte der Junge, „hilf mir, den Käfig zu öffnen." So geschah es. Die Prinzessin lümmelte auf einer großen Truhe. „Super, dass ihr kommt! Ich sitze schon total lange hier", sprach sie. Neugierig wollten sie in die Truhe glotzen, doch sie war mit sieben goldenen Schlössern verriegelt.	_____ _____ _____ _____

3 Ergänze die Verbformen im Präteritum. ☐ /8 Punkte
In Teil A musst du starke Verben einsetzen, in Teil B schwache Verben.

A Selbst dem Bären **gelang** (gelingen) es nicht, die Schlösser zu öffnen. Da _____

(nehmen) der Junge die dritte Fischschuppe hervor. Schupp-di-wupp – _____ (liegen)

da statt der Schuppe ein Schlüssel. Damit _____ (schließen) der Junge die Truhe auf.

B In der Truhe **funkelte** (funkeln) und _____ (glitzern) es. Edelsteine _____

(leuchten) wie Sterne am Himmel. Der Bär _____ (schultern) die Schatzkiste und zu dritt

_____ (kehren) sie zurück zum Schloss. Dort _____ (feiern) sie Hochzeit und

wenn sie nicht gestorben sind, dann leben sie noch heute.

4 Prüfe deine Lösungen mit Hilfe des Lösungsheftes und errechne deine Punktzahl.

☺ 23–18 Punkte	☺ 17–8 Punkte	☹ 7–0 Punkte
Gut gemacht!	Gar nicht schlecht, aber lies dir die Tipps und Merkkästen auf den Seiten 30 bis 32 noch einmal genau durch.	Arbeite die Seiten 30 bis 32 noch einmal sorgfältig durch.

Methode ▷ **Einen Sachtext lesen**

Check ▷

1. **Vor dem Lesen:** Ich betrachte die **Bilder,** lese die **Überschrift** und notiere **Vermutungen zum Textinhalt.** .... … ☐

2. **Beim Lesen**
- Ich **überfliege** den Text und **überprüfe** meine **Vermutungen.** .... … ☐
- Ich lese den Text **gründlich:** .... … ☐
  – Ich markiere Absatz für Absatz **wichtige Wörter und Wortgruppen.** .... … ☐
  – Ich unterstreiche **unbekannte Wörter** und kläre ihre Bedeutung
    aus dem **Textzusammenhang** oder durch **Nachschlagen.** .... … ☐
  – Ich notiere zu jedem Absatz eine **Zwischenüberschrift** oder eine **Frage.** .... … ☐
3. **Nach dem Lesen:** Ich bearbeite die **Aufgaben zum Text.** .... … ☐

Vermutungen zum Textinhalt anstellen

 **1** **a** Lies die Überschrift des Sachtextes und betrachte die Bilder: Worum könnte es in dem Text gehen? Notiere Stichworte in deinem Heft.

b Überfliege den Text und überprüfe deine Notizen im Heft: Welche deiner Vermutungen waren richtig?

Vom Arbeitstier zum Familienhund

1 Nach dem Gassigehen ein Leckerli bekommen und dann auf das gemütliche Sofa springen? Für die Vorfahren der heutigen Familienhunde wäre das undenkbar gewesen. Mit unseren verschmusten Haustieren
5 hatten die Hunde früher nur wenig gemeinsam. Hunde mussten vor allem nützlich sein.

2 Im alten Rom beispielsweise setzte man vor etwa 2 000 Jahren Doggen als Wachhunde ein. Sie waren so groß wie ein Kalb und
10 hatten ein riesiges Gebiss. Durch ihr dunkles Fell waren sie in der Dunkelheit nur schwer zu erkennen. Dadurch konnten sie Einbrecher überraschen und vertreiben. Hunde mussten auch als Kampfhunde im Krieg arbeiten.
15 Zur Unterhaltung der Menschen hetzte man sie in grausamen Tierkämpfen aufeinander.

3 Im Mittelalter waren Hunde beliebte Jagdbegleiter der Adligen. Große Rudel aus bis zu 30 Jagdhunden trieben im Wald Hirsche
20 und Wildschweine zusammen. Maler bildeten

die Fürsten auf Gemälden häufig zusammen mit ihren Jagdhunden ab. Dadurch wissen wir heute noch, wie die Hunde damals aussahen.
4 In Grönland und Sibirien bildet man 25 Hunde traditionell zu Schlittenhunden aus. Sie mussten früher nicht nur Lasten ziehen, sondern sollten auf der Jagd auch gegen Bären und Elche kämpfen.
5 Heute hält man die Vierbeiner oft als 30 liebevoll umsorgte Familienmitglieder, die keine Arbeiten mehr leisten müssen.

---

c Kläre aus dem Zusammenhang: „Vorfahren" (Z. 3) meint hier …

☐ Schlittenhunde ☐ die früheren Hunde

◹ ◻ ◿ Erarbeite den Inhalt des Sachtextes genauer und fasse ihn zusammen.
Nutze dazu eine oder mehrere der folgenden Seiten (▶ S. 36–38).

▼ Den Text genau lesen: Den Inhalt verstehen

1 a Lies den Text noch einmal gründlich. Markiere wichtige Wörter und Wortgruppen in den Absätzen 2–5. Als Beispiel sind erste mögliche Markierungen in Absatz 1 schon vorgegeben.

b Ordne jedem Absatz eine passende Überschrift aus dem Wortspeicher zu.

> Wach- und Kampfhunde im alten Rom • Hunde als Familienmitglieder • Schlittenhunde in Grönland und Sibirien • Jagdhunde im Mittelalter • ~~Vom Nutztier zum Haustier~~

Absatz 1 (Z.1–7): Vom Nutztier zum Haustier

Absatz 2 (Z.8–18):

Absatz 3 (Z.19–25):

Absatz 4 (Z.26–30):

Absatz 5 (Z.31–34):

2 a Kreuze an, ob die folgenden Aussagen richtig (r) oder falsch (f) sind.

b Notiere bei „richtig", in welchem Absatz des Textes die Information steht.

	r	f	Absatz
Im alten Rom bewachten Hunde die Häuser und wurden in Kämpfen eingesetzt.	☐	☐	2
Familienhunde, wie wir sie heute kennen, gab es bereits vor über 2000 Jahren.	☐	☐	
In Grönland und Sibirien arbeiten Hunde traditionell als Blindenhunde.	☐	☐	
Im Mittelalter halfen Hunde bei der Jagd.	☐	☐	
Heute sind viele Hunde Teil der Familie.	☐	☐	

Sprache plus ▶

3 Manche Verbformen bestehen aus zwei Teilen – sie bilden eine Klammer. Wenn du diese Verbklammern beim Lesen erkennst, kannst du die Sätze besser verstehen.

> ▶ Häufig wird ein Teil des Satzes von zwei Verbteilen umklammert, z. B.:
> ein|setzen → Im alten Rom beispielsweise *setzte* man Doggen als Wachhunde *ein*. (Verbklammer)

Unterstreiche die beiden Teile des Verbs in den folgenden Sätzen. Zeichne die Verbklammer ein.

Im alten Rom setzte man vor etwa 2000 Jahren Doggen als Wachhunde ein. (einsetzen)

Zur Unterhaltung der Menschen hetzte man sie in grausamen Tierkämpfen aufeinander. (aufeinanderhetzen)

Große Rudel aus Jagdhunden trieben im Wald Hirsche und Wildschweine zusammen. (zusammentreiben)

Maler bildeten die Fürsten auf Gemälden häufig zusammen mit ihren Jagdhunden ab. (abbilden)

In Grönland und Sibirien bildet man Hunde zu Schlittenhunden aus. (ausbilden)

✉ Dem Text Informationen entnehmen

1   Welche Fragen werden in den fünf Absätzen des Sachtextes (▸ S. 35) beantwortet?

a Notiere zu jedem Abschnitt W-Fragen.

Absatz 1: <u>Wie unterscheiden sich die früheren Hunde von den heutigen Haustieren?</u>

Absatz 2: <u>Wofür   ?</u>

Absatz 3: <u> </u>

Absatz 4: <u> </u>

Absatz 5: <u> </u>

b Beantworte jede W-Frage in Stichworten.

Absatz 1: <u>früher keine Familienhunde, mussten nützlich sein</u>

Absatz 2: <u> </u>

Absatz 3: <u> </u>

Absatz 4: <u> </u>

Absatz 5: <u> </u>

2 a Suche und unterstreiche die folgenden schwierigen Wörter im Text (▸ S. 35):
das Rudel (Z. 20), *traditionell* (Z. 27), *der Vierbeiner* (Z. 31)

🖊 b Erschließe die Bedeutung der Wörter aus dem Textzusammenhang und notiere eine Erklärung
im Heft, z. B.: „Große <u>Rudel</u> aus bis zu 30 Jagdhunden …" (Z. 20)
bis zu 30 Hunde = viele Tiere; „Rudel" bedeutet also „eine größere Gruppe von Tieren"

🖊 c Enthält der Text Wörter, die du nicht aus dem Zusammenhang erklären kannst?
Schlage sie im Wörterbuch nach und erkläre sie im Heft, z. B.: der Elch – ein großes Tier mit Geweih.

3   Im Sachtext werden vier verschiedene Hundetypen erwähnt.

a Unterstreiche ihre Namen im Text. Schreibe die Bezeichnung unter das passende Bild.

b Was erfährst du im Text über diese Hundetypen und ihre Aufgaben? Notiere Stichworte im Kasten.

der Familienhund			
verschmust, friedlich			

⊠ Einen Sachtext und ein Diagramm erschließen

1 **a** Lies den Sachtext (▶ S. 35) erst zügig und dann gründlich.
Beachte die Schritte „Beim Lesen" der Checkliste **S. 35** ❭.

b Beantworte die folgenden Fragen zum Text.
Schreibe jeweils eine kurze Antwort in dein Heft.

A Für welche Aufgaben wurden Hunde im alten Rom eingesetzt? Sie dienten als … Außerdem …

B Woher wissen wir, wie Hunde im Mittelalter aussahen? …

C Welche Aufgaben hatten Schlittenhunde in Grönland früher und heute? …

2 Fasse im Heft knapp zusammen, wie sich die Bedeutung des Hundes verändert hat, z. B.:
Die Menschen behandeln die Hunde heute nicht mehr … Sie werden stattdessen …

3 Untersuche das Säulendiagramm.

a Lies die Überschrift und bestimme das Thema des Diagramms.

In dem Diagramm geht es um …

☐ die beliebtesten Haustiere.

☐ die Bedeutung von Haustieren für ihre Besitzer.

b Lies die Beschriftungen.
Streiche falsche Aussagen im folgenden Text durch.

Das Diagramm gibt Auskunft darüber, welche Einstellung Jugendliche / Haustierbesitzer / Tierärztinnen zu ihrer Familie / ihrem Haustier / Hunden haben.
Befragt wurden insgesamt 59 Männer / 100 Personen / 124 Frauen.

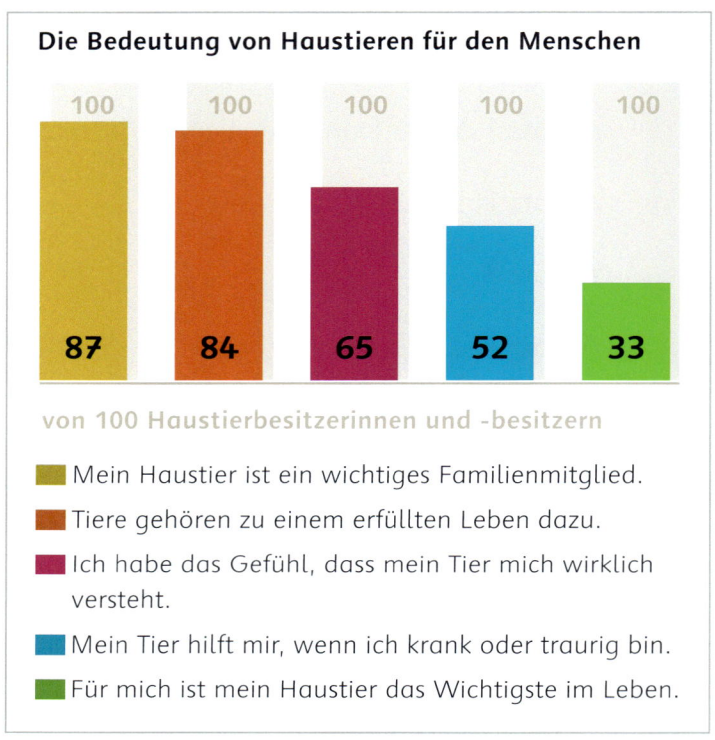

Die Bedeutung von Haustieren für den Menschen

100 | 100 | 100 | 100 | 100
87 | 84 | 65 | 52 | 33

von 100 Haustierbesitzerinnen und -besitzern

▬ Mein Haustier ist ein wichtiges Familienmitglied.

▬ Tiere gehören zu einem erfüllten Leben dazu.

▬ Ich habe das Gefühl, dass mein Tier mich wirklich versteht.

▬ Mein Tier hilft mir, wenn ich krank oder traurig bin.

▬ Für mich ist mein Haustier das Wichtigste im Leben.

4 Vergleiche die Zahlenwerte im Diagramm.
Kreuze an, ob die folgenden Aussagen richtig (r) oder falsch (f) sind.

	r	f
Für die meisten Tierbesitzer ist das Haustier ein wichtiges Familienmitglied. ……………………	☐	☐
Nur 15 von 100 Befragten haben das Gefühl, dass ihr Tier sie wirklich versteht. ………………	☐	☐
Für 33 der befragten Tierbesitzer ist das Haustier das Wichtigste im Leben. …………………	☐	☐

5 **a** Welche Angabe im Diagramm passt am besten zu Absatz 5 auf ▶ S. 35?
Markiere sie.

b Ergänze diese Angabe in deiner Textzusammenfassung aus Aufgabe 2.

⊕ 6 Beschreibe im Heft, welche Rolle Haustiere deiner Erfahrung nach im Alltag spielen, z. B.:
Viele Menschen halten sich heute einen Hund, um …
Die Katze meiner Nachbarin …

Einen Sachtext lesen und verstehen

1 Lies die Überschrift des Textes und betrachte das Bild. /1 Punkt
Worum könnte es in dem Text gehen? Kreuze an.

☐ Menschen, die Hunden in Not helfen

☐ Hunde, die Menschen helfen

☐ Menschen, die mit Hilfe von Hunden Einbrüche begehen

Assistenzhunde – tierische Hilfe

1 Ungefähr zwei Jahre dauert die Ausbildung zum Assistenzhund. Im ersten Teil lernen die Tiere alles, was auch ein normaler Familienhund können sollte. Nach dieser Zeit
5 werden die Hunde getestet. Schreckhafte oder verspielte Tiere sind für die Aufgabe nicht geeignet. Die anderen werden meist von Profis weiter ausgebildet.
2 Die bekanntesten Assistenzhunde sind
10 wohl die Blindenführhunde. Die Tiere helfen aber auch Menschen, die sich selbst nicht gut bewegen können, bei der Bewältigung des Alltags.

Sie können Gegenstände aufheben, Schubladen öffnen oder Schalter betätigen. 15
3 Gut für Menschen mit lang dauernden Krankheiten: Assistenzhunde nehmen winzige Veränderungen an „ihrem" Menschen wahr, vor allem in der Luft, die er ausatmet. So können sie warnen, wenn einem chronisch kran- 20
ken Menschen zum Beispiel ein Anfall droht.
4 Doch egal wie nützlich er ist, auch ein tierischer Helfer braucht Pausen zum Schnüffeln, Spielen, Kuscheln und Erholen, denn seine täglichen Aufgaben sind auch für den eifrigs- 25
ten Assistenzhund eine anstrengende Arbeit.

2 Kläre die Bedeutung der markierten Wörter aus dem Zusammenhang. Kreuze an. /3 Punkte

Bewältigung:	☐ die Gewalt	☐ die Langeweile	☐ das Zurechtkommen
betätigen:	☐ ausschalten	☐ bedienen	☐ mit zwei Pfoten berühren
chronisch:	☐ leicht	☐ lange dauernd	☐ die Muskeln betreffend

3 Ordne die folgenden Überschriften den Textabschnitten zu. Ziehe Verbindungslinien. /4 Punkte

Pausen sind wichtig	Abschnitt 1
Ausbildung zum Assistenzhund	Abschnitt 2
Krankheit erschnüffeln	Abschnitt 3
Hilfe bei körperlichen Einschränkungen	Abschnitt 4

Prüfe deine Lösungen mit Hilfe des Lösungsheftes und errechne deine Punktzahl.

☺ 8–3 Punkte	☺ 6–4 Punkte	☹ 3–0 Punkte
Gut gemacht!	Gar nicht schlecht, aber lies dir den Methoden-Kasten auf Seite 35 noch einmal genau durch.	Arbeite die Seiten 35 bis 36 noch einmal sorgfältig durch.

Grammatik

1 Bestimme die Wortart der markierten Wörter. Kreuze an: Nomen (N), Artikel (Art), Präposition (Präp), Textpronomen (Tp) oder Adjektiv (Adj)? ☐ /5 Punkte

	N	Art	Präp	Tp	Adj
A Im Jahr 2127 leben viele Menschen auf dem Planeten Betax.	☐	☐	☐	☐	☐
B Nachdem er entdeckt worden war, gründeten sie dort Städte.	☐	☐	☐	☐	☐
C Zur Fortbewegung nutzen die Menschen den schnellen Fluggleiter.	☐	☐	☐	☐	☐
D In den riesigen Städten stehen hohe Wolkenkratzer.	☐	☐	☐	☐	☐
E Die Bewohner von Betax reisen regelmäßig auf die Erde.	☐	☐	☐	☐	☐

2 Zu welcher Satzart gehören die Sätze A–E in Aufgabe 1? Kreuze die richtige Antwort an. ☐ /1 Punkt

Die Sätze sind: ☐ Aussagesätze ☐ Aufforderungssätze ☐ Fragesätze

3 **a** Ergänze die Wörter in Klammern im richtigen Kasus (Fall). ☐ /4 Punkte
b Bestimme den Kasus der markierten Wörter. Nominativ, Genitiv, Dativ, Akkusativ. ☐ /4 Punkte

Betax ist ein Schwesterplanet der Erde. Hier haben _____ (die Schulkinder)

das Fach „Weltraumkunde". Sie lernen _____ (die Planeten) kennen und

setzen sich mit den Besonderheiten _____ (das All) auseinander. Roboter bringen

_____ (die Kinder) Sprechen bei.

4 Präsens – Präteritum – Perfekt! Ergänze jeweils die fehlende Zeitform. ☐ /3 Punkte

A Er lernt. – Er _____. – Er hat gelernt.   B Sie _____. – Sie lachte. – Sie hat gelacht.

C Wir sprechen. – Wir sprachen. – Wir _____.

5 Umkreise die Satzglieder im folgenden Satz und ordne ihnen die passenden Bezeichnungen zu.

Der Planet Betax bietet den Menschen einen neuen Lebensraum. ☐ /4 Punkte

Prädikat   Subjekt   Akkusativobjekt   Dativobjekt ☐ /4 Punkte

6 **a** Prüfe deine Lösungen mit Hilfe des Lösungsheftes. Trage deine Punktzahlen neben den Aufgaben ein.
b Trage ein, wie du die Aufgaben bewältigt hast: ✓ = das meiste richtig   ? = noch unsicher

Aufgabe	1 ☐	2 ☐	3 ☐	4 ☐	5 ☐
weitere Übungen	S. 41–52	S. 61	S. 41–44	S. 53–58	S. 62–69

Das Nomen

- Nomen bezeichnen **Lebewesen** (z. B.: *Freund, Mücke*), **Gegenstände** (z. B.: *Tisch, Straße*) oder **Gedanken, Gefühle, Zustände** (z. B.: *Freude, Sauberkeit*).
- Deutsche Nomen haben ein grammatisches Geschlecht. Man unterscheidet:
  - **männliche** (maskuline) Nomen, z. B.: *der Hund, der Mond, der Ärger,*
  - **weibliche** (feminine) Nomen, z. B.: *die Katze, die Sonne, die Hitze,*
  - **sächliche** (neutrale) Nomen, z. B.: *das Meerschweinchen, das Weltall, das Wetter.*
- Nomen schreibt man im Deutschen immer **groß**.
- Sie können von einem **Artikelwort** begleitet werden. Das sind **bestimmte Artikel** (*der, die, das*), **unbestimmte Artikel** (*ein, eine, ein*) oder **Possessivartikel** (*dein* Plan, *unsere* Sprache, *euer* Kind).
- Die meisten Nomen können im **Singular** (Einzahl) oder im **Plural** (Mehrzahl) stehen, z. B.: *der Plan – die Pläne, die Sprache – die Sprachen, das Kind – die Kinder.*

1 a Im folgenden Text fehlen alle Nomen. Füge aus dem Wortspeicher passende Nomen ein.
  b Untersuche die Artikel vor den eingesetzten Nomen: Unterstreiche die bestimmten Artikel. Kreise alle (unbestimmten Artikel) ein. Markiere die Possessivartikel mit Wellenlinien.

Unamo – der müllfreie Planet

Der Planet Unamo ist sauber. Seine _____ wird

regelmäßig geputzt. Das _____ „Airfix" reinigt

die _____. Es saugt wie mit seinem _____

alles ein, was herumfliegt. Heute sind das:

5

– ein _____, der ein _____ hat,

– die _____ einer Kokosnuss,

– ein _____,

Rüssel • ~~Planet~~ • Ball • Raumschiff •
Loch • Kabel • Schale • Hand •
Flasche • Luft • Oberfläche

2 a Suche die neun Nomen und trenne sie mit Strichen ab.
  b Überlege, was die Nomen bezeichnen.
    Ordne sie mit dem bestimmten Artikel
    (der, die, das) passend in die Übersicht ein.

V O G E L | H U N G E R S C H I R M
R A D G L Ü C K K I N D F R A G E
L A M P E T A N T E

	Lebewesen	Gegenstand	Gefühl/Gedanke/Zustand
der	der Vogel		
die			
das		das Rad	

3 Untersuche die markierten Nomen in den folgenden Sätzen.
Unterstreiche die Nomen im <u>Singular</u> (Einzahl). Umkreise die Nomen im (Plural) (Mehrzahl).

(Plastiktüten) sind auf Unamo verboten. Wer eine <u>Plastiktüte</u> findet, kann sie von „Airfix" abholen lassen. Früher nutzten die Bewohner viele **Handys** zum Wegwerfen. Heute darf man nur noch *ein* **Handy** besitzen. Ein **Fahrrad** zum Treten kennen viele Kinder auf Unamo nicht mehr, doch fliegende **Fahrräder** sind beliebt. **Pflanzen** stehen unter besonderem Schutz. Jede **Pflanze** auf Unamo erhält eine achtstellige Nummer.

4 Nomen haben verschiedene Pluralformen. Welche Reimwörter fehlen hier?
Ergänze die Nomen im Singular oder Plural mit dem passenden Artikel.

Plural mit *-e*	Plural mit *-en*	Plural mit *-er*
der Zopf – die Zöpfe	die Tatze – die Tatzen	das Schild – die Schilder
der K_____ – die Köpfe	die K_____ – die _____	das B_____ – die _____
_____ – die Grüße	_____ – die Taschen	das Rind – die _____
der F_____ – die _____	die Fl_____ – die _____	das K_____ – die _____
der Wein – die Weine	_____ – die Rosen	das T_____ – die Tücher
der St_____ – die _____	die H_____ – die _____	das B_____ – _____

5 Mit Nomen kann man Zusammensetzungen bilden.
a Verbinde die Nomen mit Pfeilen zu sinnvollen Zusammensetzungen.

Gurke	Spieß
Gemüse	Brot
Tomate	Salat
Olive	Ketchup

> **Tipp:** In zusammengesetzten Nomen steht das **Grundwort** immer an letzter Stelle. Es gibt das **Genus** und somit das **Artikelwort** vor. Das **Bestimmungswort** steht vorn und beschreibt das Grundwort genauer. Manchmal wird ein weiterer Buchstabe, ein sogenanntes **Fugenelement**, eingefügt, z. B.: *die Schokolade* + *das Eis* = *das Schokoladeneis*.

b Schreibe die zusammengesetzten Nomen mit dem bestimmten Artikel auf. Markiere Fugenelemente. Kreise den Artikel und das Grundwort ein.

(der) Gurken(salat) _____

> **Information** >> **Nomen und ihr Kasus**
>
> - Nomen erscheinen in Sätzen immer in einem **bestimmten grammatischen Fall** (Kasus).
> - Nach dem Kasus richten sich die **Form des Artikelworts** und die **Endung des Nomens**.
> - Im Deutschen gibt es **vier Fälle.** Man kann den Kasus eines Nomens durch **Fragen** ermitteln:
>
> | Kasus | Frage | Beispiel |
> |---|---|---|
> | 1. Fall: **Nominativ** | *Wer oder was …?* | ***Das Flugauto*** *ist schnell und modern.* |
> | 2. Fall: **Genitiv** | *Wessen …?* | *Die Bedienung* ***des Flugautos*** *ist leicht.* |
> | 3. Fall: **Dativ** | *Wem …?* | *Man nennt* ***dem Flugauto*** *das Fahrtziel.* |
> | 4. Fall: **Akkusativ** | *Wen oder was …?* | *Mehrere Nutzer teilen sich* ***das Flugauto.*** |

6 Auf Unamo nutzt man Flugautos. Ergänze die Werbeanzeige mit den Vorgaben im Kasten.

> sein Dach • dem Bordcomputer • den Bordcomputer • ~~des Flugautos~~

„Volarius" – das Auto, das auf Sie hört!

Die Besonderheit des Flugautos: Der Volarius fährt per

Sprachsteuerung. _____ lässt sich per Befehl in Sekunden

öffnen. Space-Café oder Solartankstelle gesucht? Fragen Sie _____!

Zur Landung nennen Sie _____ einfach den gewünschten Ankunftsort.

7 a Ergänze im Text das fehlende Nomen und den unbestimmten Artikel im richtigen Fall.

> ein Expressflieger • eines Expressfliegers • einem Expressflieger • einen Expressflieger

Nur ausgebildete Piloten dürfen _____ fliegen.

Solartechnik ermöglicht es _____, sehr schnell zu fliegen.

_____ kann 200 Personen transportieren.

Die Außenschicht _____ besteht aus einem Schutzmaterial.

Nominativ
(Wer oder was?)

Genitiv
(Wessen?)

Akkusativ
(Wen oder was?)

Dativ (Wem?)

b Bestimme den Fall der eingesetzten Wortgruppen.
Ordne jeweils den passenden Kasus vom Rand mit einer Linie zu.

+ 8 Bestimme den Kasus der in ▶ Aufgabe 6 eingesetzten Wortgruppen durch Fragen.
Schreibe in dein Heft, z. B.: *Wessen Besonderheit? – des Flugautos → Genitiv.*

Nomen – Pluralbildung und Kasusbestimmung

Wähle Aufgabe 1, 2 oder 3 zur Bearbeitung aus.

Der (Planet) Unamo ist sehr fortschrittlich. Man nutzt dort besondere Erfindungen, zum Beispiel:
– Es gibt einen Computer, der mit Hilfe von Gedanken gesteuert wird. In der Schule nutzen alle
täglich seine Fähigkeiten. Er ersetzt das Heft und kann sogar Gespräche führen.
– Als Fahrzeuge verwendet man Flugautos, die schweben. So gibt es auf Unamo keine Staus.
– Neu sind Maschinen, die Personen an Orte beamen, sodass Taxis überflüssig werden.
– Auf Unamo gibt es riesige, grüne Parks. Über einem wird bald ein fliegendes Hotel gebaut.

---

1 a Untersuche die farbig markierten Nomen im Text. Umkreise alle Nomen im **Singular**.
   b Notiere sie mit dem bestimmten Artikel. Die Farben helfen dir.
   c Bilde die Pluralformen der Nomen und schreibe sie mit dem bestimmtem Artikel *(die)* darunter.

der Planet   die _____

die Planeten _____

2 a Untersuche die farbig markierten Nomen im Text oben. Unterstreiche alle Nomen im **Plural**.
   b Sortiere die Pluralnomen nach ihrer Endung: Trage sie passend in die folgende Übersicht ein.
   c Ergänze darunter die Form im Singular und den bestimmten Artikel. Die Farben im Text helfen dir.

-en/-n   die Erfindungen   die Gedanken _____

die Erfindung _____

-e   die Gespräche _____

das Gespräch _____

-s   die Flugautos _____

das _____

3 Erfrage den Kasus der markierten Wortgruppen.
Notiere die Frage und kreuze den Kasus an.
Die drei richtigen Buchstaben ergeben das Lösungswort:
Eine ... auf Unamo spricht alle Sprachen.

	Kasusfrage	Nominativ	Genitiv	Dativ	Akkusativ
1 Die Bewohner des Planeten mögen Technik.	Wessen?	B ☐	A ☒	T ☐	E ☐
2 Jeder kann Flugautos nutzen.	_____	L ☐	G ☐	D ☐	P ☐
3 Ihre Roboter helfen den Bewohnern.	_____	P ☐	G ☐	I ☐	X ☐

Das Adjektiv

- Mit Adjektiven kann man etwas genauer **beschreiben,** z. B.: *der schöne Tag, das grüne Rad.*
- Adjektive schreibt man **klein.**

1 Im Wortgitter sind acht Adjektive versteckt.
a Finde und markiere sie.
b Schreibe die Adjektive auf.

schnell, _____

_____

_____

_____

W	G	I	G	U	S	C	H	N	E	L	L
B	E	Q	U	E	M	C	H	Ä	N	I	W
B	Q	R	I	E	S	I	G	U	F	F	E
U	U	O	W	E	I	C	H	A	A	L	I
M	O	D	E	R	N	S	B	L	I	A	U
E	R	S	T	A	U	N	L	I	C	H	P
D	U	R	C	H	S	I	C	H	T	I	G
P	L	U	P	R	Ä	C	H	T	I	G	Z

2 Wie sieht ein Raumschiff auf Unamo aus?
Ergänze die Lücken mit passenden Adjektiven aus Aufgabe 1.

Ein Raumschiff auf Unamo ist riesig. Seine äußere Schicht ist _____, denn sie

besteht aus einer Art Glas. Mit Hilfe von Turbinen kann das Fahrzeug _____ fliegen.

Die Sitze im Inneren sind _____ und _____.

3 a Wie stellst du dir das Raumschiff vor?
Ergänze die Zeichnung und male sie farbig an.
b Notiere passende Adjektive zur Beschreibung.
Du kannst die Vorgaben aus dem Kasten nutzen.

die Oberfläche: _____ +

die Kuppel: _____ +

die Turbinenöffnungen: rund + _____

die Antenne: _____ +

glatt • glänzend • blau • rot •
gläsern • lang • kurz • rund •
oval • eckig • gebogen • …

> **Information** ▷ **Adjektive verändern ihre Endung**
>
> Oft begleiten Adjektive Nomen.
> In diesen Wortgruppen passen sie sich dem Nomen an und verändern ihre Endung, zum Beispiel:
> **mit bestimmtem Artikel** (*der/die/das*):
> - **Nominativ** *der alt**e** Baum* *die klein**e** Katze* *das schön**e** Haus*
> - **Genitiv** *des alt**en** Baumes* *der klein**en** Katze* *des schön**en** Hauses*
> - **Dativ** *dem alt**en** Baum* *der klein**en** Katze* *dem schön**en** Haus*
> - **Akkusativ** *den alt**en** Baum* *die klein**e** Katze* *das schön**e** Haus*
>
> **mit unbestimmtem Artikel** (*ein/eine/ein*):
> - **Nominativ** *ein alt**er** Baum* *eine klein**e** Katze* *ein schön**es** Haus*
> - **Genitiv** *eines alt**en** Baumes* *einer klein**en** Katze* *eines schön**en** Hauses*
> - **Dativ** *einem alt**en** Baum* *einer klein**en** Katze* *einem schön**en** Haus*
> - **Akkusativ** *einen alt**en** Baum* *eine klein**e** Katze* *ein schön**es** Haus*

4 Ergänze die fehlenden Formen in den richtigen Fällen (Kasus), indem du die Fragen stellst:
Wer oder was? (Nominativ), *Wessen?* (Genitiv), *Wem?* (Dativ), *Wen oder was?* (Akkusativ)

mit bestimmtem Artikel: *der, die, das*

Nominativ	der schlaue Roboter	die runde Garage	das moderne Raumschiff
Genitiv			des modernen Raumschiffes
Dativ			
Akkusativ	den schlauen Roboter		

mit unbestimmtem Artikel: *ein, eine, ein*

Nominativ	ein schlauer Roboter	eine runde Garage	ein modernes Raumschiff
Genitiv			eines modernen Raumschiffes
Dativ		einer runden Garage	
Akkusativ			ein modernes Raumschiff

5 Übe die Verwendung von Adjektiven anhand des Textes. Wähle Aufgabe a, b oder c.

a Ergänze die fehlenden Endungen der Adjektive.

Auf dem fern**en** Planeten Unamo hält man keine Haustiere. Die Tiere leben alle in der frei_____ Natur.

Die grün_____ Katze fühlt sich auf dem gelb_____ Baum am wohlsten, der blau_____ Hund tobt über die

riesig_____ Wiese.

b Schreibe den letzten Satz neu auf. Verwende den unbestimmten Artikel, z. B.:
Eine grüne Katze fühlt sich auf einem …

c Setze die Adjektivgruppen im letzten Satz in den Plural, z. B.: Die grünen Katzen fühlen …

Die Nominalgruppe

> **Information** 〉 **Die Nominalgruppe**
>
> - Wörter schließen sich zu Wortgruppen zusammen. Nominalgruppen sind Wortgruppen, in denen das **Nomen den Kern bildet**.
> - Das **Nomen** steht immer **am rechten Rand** der Nominalgruppe, **am linken Rand** steht ein **Artikelwort**. Dazwischen kann ein Adjektiv stehen, z. B.: *ein Ausflug, seine rote Tasche*.
> - Das Nomen bestimmt Genus, Numerus und Kasus der anderen Wörter in der Gruppe, z. B.: *die alte Stadt*, *mein gültiger Fahrschein*, *ein riesiges Museum*, *die hohen Bäume*.

1 In Stuttgart besuchen zwei Unamer das Museum am Löwentor. Untersuche die Nominalgruppen im Text.

a Markiere die Nomen.

b Markiere die Artikelwörter in einer anderen Farbe.

c Kreise die gesamte Nominalgruppe ein.

Das Museum zeigt nicht nur die urzeitliche Tierwelt, sondern auch die prähistorische Pflanzenwelt. Die echten Fossilien begeistern die außerirdischen Freunde, sie bestaunen aber auch die lebensechten Nachbildungen. Der Höhepunkt ist ein versteinerter Schädel.

2 **a** Suche die Nominalgruppen im Text und unterstreiche sie.

Heute erkunden die Freunde ein beliebtes Mineralbad. Zuerst nutzen sie die orangen Liegestühle, aber das wird ihnen bald langweilig. Da wendet ein Besucher seinen Blick der glitzernden Wasseroberfläche zu und läuft hin. Doch der Kerl bleibt dort nicht stehen, sondern macht einen großen Schritt. Erstaunt quiekt er, als er untergeht.

b Ordne die Nominalgruppen in die Tabelle ein.

Artikelwort + Nomen	Artikelwort + Adjektiv + Nomen
die Freunde	ein beliebtes Mineralbad

c Erweitere die Nominalgruppen aus der linken Spalte mit passenden Adjektiven aus dem Kasten.

> ~~beiden~~ • außerirdischer • neugierigen • arme

Die beiden Freunde,

Die Form der Nominalgruppe

1 **a** Bilde sinnvolle Nominalgruppen. Verbinde mit Linien.

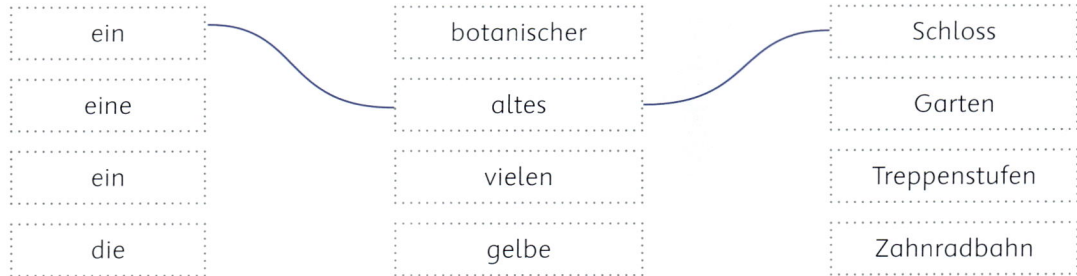

ein	botanischer	Schloss
eine	altes	Garten
ein	vielen	Treppenstufen
die	gelbe	Zahnradbahn

b Trage die Nominalgruppen in die Lücken ein.
Markiere die Artikelwörter und die Endungen der Adjektive.

Wenig später transportiert _____ die Besucher vom

Planeten Unamo steil bergauf nach Degerloch, weil _____

ihnen zu anstrengend waren. Doch es gibt noch mehr zu sehen: _____

_____ und _____ wollen entdeckt werden.

2 Schreibe die Nominalgruppen in die Lücken.
Passe die Artikelwörter und die Adjektivendungen an, wenn nötig.

> die weißen Treppen • der graue Beton • die weißen Regale • der außerirdische Besuch •
> eine einzige Farbe • die bunten Bücher • der weiße Boden • ~~die moderne Stadtbibliothek~~

Die neugierigen Außerirdischen betrachten <u>die moderne Stadtbibliothek</u>. Langweilig finden

sie _____, den man außen an der Bibliothek sieht.

Innen dagegen gibt es fast nur _____: Weiß.

Durch _____, _____ und

_____ kommen _____

toll zur Geltung. Das gefällt _____.

3 **a** Bilde sinnvolle Nominalgruppen und schreibe sie in dein Heft. **Tipp:** Suche zunächst die Nomen und
notiere sie jeweils ans Ende einer Zeile. Lass dazwischen eine Zeile frei.
b Bestimme Genus, Numerus und Kasus der Nominalgruppe.
Manchmal gibt es mehrere Möglichkeiten.

> ~~berühmten~~ • modernes • ~~eines~~ • Museum • Häuser • die •
> die • ein • weite • ~~Dichters~~ • verfallenen • Aussicht • eine

Beispiel: eines berühmten Dichters
Maskulinum Singular Genitiv

Das Textpronomen

> **Information** ▶ **Das Textpronomen**
>
> ■ Nomen und Nominalgruppen kann man durch Textpronomen ersetzen.
> **Der Kater** *will ins Haus.* **Er** *miaut. Schnell lassen wir* **ihn** *herein und geben* **ihm** *zu fressen.*
>
> ■ **Textpronomen** stehen wie die Nomen bzw. Nominalgruppen in einem bestimmten **Kasus**.
>
> | Nominativ | er | sie (Singular) | es | sie (Plural) |
> |---|---|---|---|---|
> | Dativ | ihm | ihr | ihm | ihnen |
> | Akkusativ | ihn | sie | es | sie |

1 **a** Suche in dem Text die Textpronomen und markiere sie.
b Unterstreiche die Nomen oder Nominalgruppen, für die die Textpronomen stehen.
Verbinde mit einem Pfeil.

Auf Unamo gibt es auch einen Fastnachtsumzug. Er ist für die Kinder der Höhepunkt des Jahres.

Viele Kinder treffen sich, bevor sie dann als Gruppe zum Umzug gehen.

Auch die Flugautos werden verkleidet, manche Besitzer schrauben ihnen Räder an.

2 **a** Lies die unterstrichenen Nominalgruppen und fülle die Lücken mit passenden
Textpronomen aus dem Kasten.
b Ziehe einen Pfeil von den Textpronomen zu den Nominalgruppen.

> er • ihm •
> sie • ihn • sie

Ein faschingsbegeisterter Bewohner wollte sogar die freilebenden Tiere verkleiden oder bemalen.

Doch die anderen Unamer haben _____ das ausgeredet. _____ meinten, das sei Tierquälerei.

Zuerst war _____ beleidigt, aber dann konnten _____ _____ überzeugen.

3 Wer trägt was? Die Textpronomen helfen dir, es herauszufinden.
a Betrachte die Illustrationen.
b Markiere die Textpronomen.
c Fülle die Lücken mit den passenden Nominalgruppen.

Person A trägt _____.
Person B gefällt es gut.

Person B trägt _____.
Leider ist er ihr zu groß.

Person C trägt _____.
Person A hat sie einmal von der Erde mitgebracht.

Die Präposition

> **Information** | **Die Präposition**
>
> - Präpositionen geben eine **Position** an oder stellen ein **Verhältnis** zu einem Nomen oder einer Nominalgruppe her.
> - Präpositionen stehen nicht alleine, sondern immer vor einer Wortgruppe. Diese Verbindung nennt man **Präpositionalgruppe**.
> - Die Präposition ist unveränderlich. Sie bestimmt den **Kasus** der anderen Wörter in der Wortgruppe. Deshalb ist sie der Kern der Präpositionalgruppe.
> - Präpositionen mit **Akkusativ**: *für, um, durch, gegen, ohne*, z. B.: *Er tritt* **gegen** *den roten Ball.*
> - Präpositionen mit **Dativ**: *nach, aus, bei, mit, von, zu*, z. B.: *Ich spiele* **mit** *dem grünen Ball.*

1 Wie leben Tiere auf Unamo? Ergänze die passenden Präpositionen aus dem Kasten.

Auf Unamo ist man _gegen_ die Haltung von Haustieren. Doch in

Parks gibt es _____ Tierfreunde viel zu sehen: Blaue Hunde

dürfen dort _____ Leine toben. Gelbe Vögel fliegen rückwärts

_____ die Luft. Es gibt auch lila Schnecken _____ zwei

Häusern! Die Tiere werden _____ Tierwärtern gut versorgt.

> durch • ~~gegen~~ • ohne • für • mit • von

2 a Akkusativ oder Dativ? Erfrage die unterstrichenen Wortgruppen. Trage sie dann mit der Präposition passend auf die Zeilen unten ein. Die Farben helfen dir.
  b Markiere die Präpositionen in der Übersicht.

Auf Unamo sind technische Geräte bei den Bewohnern sehr beliebt.
Es gibt viele Erfindungen für den Alltag.
Fahrzeuge ohne Computersteuerung kann man sich dort nicht vorstellen.
Hier fährt man nicht auf der Straße, sondern man fliegt mit Flugautos durch die Luft.
Bunte Schul-Flugautos holen die Schulkinder bei schlechtem Wetter von der Haustür ab.

Präpositionalgruppe mit Akkusativ (Wen oder was …?)	für den Alltag, _____ _____
Präpositionalgruppe mit Dativ (Wem …?)	bei den Bewohnern, _____ _____

3 Akkusativ oder Dativ? Ergänze die Lücken mit den Vorgaben aus dem Kasten. Die Farben helfen dir.

> dem Planeten • einem Hüpfsessel • die Kinder • einen Helm

Eine Erfindung auf _____ Unamo ist für _____

besonders lustig: Man kann mit _____ höher als zwei Meter hüpfen.

Die Nutzung ist aber nicht ohne _____ erlaubt.

Wechselpräpositionen

Wechselpräpositionen fordern Dativ oder Akkusativ

- Diese Präpositionen verweisen auf einen **Ort** (**Wo?**) oder eine **Richtung** (**Wohin?**): *an, auf, hinter, neben, in, über, unter, vor, zwischen*.
- Wenn man **Wo?** fragen kann, folgt der **Dativ**: *Wo liegt der Ball? – in der Kiste*
- Wenn man **Wohin?** fragen kann, folgt der **Akkusativ**: *Wohin legt er den Ball? – in die Kiste*

1 **a** Unterstreiche die Präpositionalgruppen. Prüfe, mit welchem Fragewort du sie erfragen kannst: *Wo?* oder *Wohin?*

A Eine der besten Erfindungen sind Aufräumhilfen, die

an jedem Gegenstand befestigt sind. Das sind winzige Drohnen,

die an den Sachen montiert sind. Auf Unamo bewahrt man Din-

ge nicht in einem eckigen Schrank auf, sondern lagert sie

in einer elastischen Blase. Zerbrechliche Dinge sind

zwischen den weichen Gebilden gut geschützt.

B Weil das Äußere durchsichtig ist, kann man immer gleich

in die richtige Blase greifen. Auch die Drohnen fliegen die Sachen

immer an die richtige Stelle.

Nur wenige Dinge muss man selbst an ihren Platz räumen.

b Vervollständige die Aussagen:

In Abschnitt A frage ich _____ :

Die Wortgruppe steht im _____ :

In Abschnitt B frage ich _____ :

Die Wortgruppe steht im _____ :

2 **a** Unterstreiche die Präpositionalgruppen.
b *Wohin?* oder *Wo?* Notiere das passende Fragewort und den Kasus, den die Präposition verlangt.

Die Kinder drängen in die Umkleide.   <u>Wohin? → Akkusativ</u>

Beim Basketball treffen alle in den Korb.   _____

Später klettern sie an der Sprossenwand.   _____

Dann wollen sie sich an den Ringen schwingen   _____

und auf den Matten turnen.   _____

Zum Abschluss treffen sich alle auf dem Sportplatz.   _____

Wortarten und Wortgruppen

1 a Ordne die Wörter auf dem Bildschirm im Heft der richtigen Wortart zu. Notiere sie in der richtigen Groß-/Kleinschreibung.
Nomen: ...
Artikel: ...
Adjektiv: ...

/9 Punkte

SIE = DIE KLUGE WISSENSCHAFTLERIN
ICH = EIN SCHNELLER COMPUTER
→ ERFINDUNG NEUER PROGRAMME

b Zwei Wörter bleiben übrig. Markiere sie und bestimme ihre Wortart im Heft.

/4 Punkte

2 Ergänze die fehlenden Endungen der Adjektive.

/6 Punkte

Auf der Erde isst man an heiß_____ Tagen gern ein kalt_____ Eis. Die Bewohner Unamos essen

bei warm_____ Wetter lieber eine frisch_____, blau_____ Frucht oder eine salzig_____ Sahnetorte.

3 Schreibe die Nomen im Singular auf und ergänze den richtigen Artikel. Notiere sie mit dem bestimmten Artikel.

/4 Punkte

Plural: ~~die Planeten~~ • die Wolken • die Tage • die Raumschiffe • die Kinder

Singular: der Planet, _____

4 a Streiche bei den hervorgehobenen Wörtern die falsche Form durch.

/5 Punkte

Der Winter auf Unamo ist sehr mild. Man kann mit **die/der** Familie zu **ein/einem** Fluss fahren.
Für **die/den** Kinder ist ein Winter ohne **den/dem** Badespaß in **dem/den** rosa Wasser nicht vorstellbar.

b Markiere bei den unterstrichenen Präpositionalgruppen: Akkusativ und Dativ.

/5 Punkte

Bei schlechtem Wetter kann man ohne einen Ausflug mit seinen Freunden Spaß haben.
Man lässt sich per Video zu einer Sporthalle beamen oder von einem Computer vorlesen.

5 Ersetze die markierte Nominalgruppe in Klammern durch Textpronomen. Notiere diese darüber.

/3 Punkte

Die Fünftklässler aus Zell werden auf den Planeten Unamo reisen. (Die Fünftklässler) sind voller Vorfreude.

Ein Computer bereitet (die Fünftklässler) auf die Reise vor und erklärt (den Fünftklässlern) alles.

6 Prüfe deine Lösungen mit Hilfe des Lösungsheftes und errechne deine Punktzahl.

☺ 36–33 Punkte	☺ 32–17 Punkte	☹ 16–0 Punkte
Super! Du bist ein Profi.	Nicht schlecht. Wo gab es noch Schwierigkeiten? Wähle Übungen auf S. 41–51 aus.	Du musst noch einmal üben. Arbeite S. 41–51 durch.

Das Tempus des Verbs

Das Präsens

> **Information** ⟩⟩ **Das Verb** (das Tätigkeitswort)
>
> ■ Mit Verben im Präsens gibt man an, **was jemand gerade tut** (z. B. *reden*) oder **was geschieht** (z. B. *regnen*).
> ■ Die Grundform des Verbs nennt man **Infinitiv.** Verben enden auf *-en* oder *-n: les**en**, fütter**n**.
> ■ Im Satz muss man die Verben **beugen (konjugieren),** z. B.:
>
> | | Einzahl (Singular) | Mehrzahl (Plural) |
> |---|---|---|
> | 1. Person: | *ich flieg**e*** | *wir flieg**en*** |
> | 2. Person: | *du flieg**st*** | *ihr flieg**t*** |
> | 3. Person: | *er/sie/es flieg**t*** | *sie flieg**en*** |
>
> ■ Verben werden **kleingeschrieben.**

1 Der Schüler Tam beschreibt seinen Alltag im Jahr 2127 auf dem Planeten Betax.
Lies den Text und ergänze die passenden Verbformen im Präsens. Markiere jeweils die Endung.
Tipp: Umrahme erst das Subjekt im Satz *(Wer oder was tut etwas?).*

Mit dem Raumschiff zur Schule

Montagmorgen: (Ich) steh__e__ (stehen) verschlafen im

Aufzug und _____ (sausen) in den 375. Stock

unseres Hochhauses. Auf dem Dach _____ (klettern) ich in mein Miniraumschiff

und _____ (jagen) kurze Zeit später mit Laserantrieb durch die Häuserschluchten

unserer Stadt. Als ich in den Himmel _____ (schauen), _____ (hören) ich

plötzlich ein lautes Dröhnen: Zwei Riesenraumschiffe _____ (starten) mit ohren-

betäubendem Lärm. Ich _____ (warten) kurz. Dann _____ (schalten) ich auf

„Turboantrieb" und _____ (flitzen) in Richtung Schule. In der Ferne _____

(leuchten) schon das Einflugstor meiner Schule …

2 Tam blickt hinunter auf die Stadt. Was sieht er?
Schreibe Sätze im Präsens in dein Heft und verwende dafür
Verben aus dem Wortspeicher.

> ein Miniraumschiff + im Stau + stehen • zwei Roboter + arbeiten + in einem Dachgarten •
> drei Sonnen + scheinen + am Himmel • eine Raumkapsel + landen + auf einem Flughafen

Ein Miniraumschiff steht im Stau. …

Das Perfekt

1 Tams Klasse hat einen Ausflug auf den Planeten Cetrix gemacht.

  a Ergänze in den folgenden Fragen seiner Freunde die Verbformen im Perfekt.
    Tipp: Achte darauf, ob es sich um ein Verb der Bewegung handelt, das mit *sein* konjugiert wird.

1 Wie _____ ihr auf dem Planeten

Cetrix _____ (landen)?

2 Was habt ihr auf Cetrix

_____ (machen)?

3 Was _____ dich am meisten

_____

(beeindrucken)?

  b Wie könnten Tams Antworten lauten?
    Schreibe Antworten im Perfekt in dein
    Heft. Du kannst die Ideen im Wort-
    speicher nutzen, z. B.:
    Wir sind mit Fluggleitern gekommen.

> mit Fluggleitern kommen • galaktische Höhlen sehen •
> Planetenedelsteine finden • Weltraumsalat essen

  c Unterstreiche die zwei Teile des Verbkomplexes in deinen Sätzen.

2 Tam hat notiert, was die Klasse am ersten Tag erlebt hat.
Bilde aus den Stichwörtern ganze Sätze im Perfekt mit den
Hilfsverben *haben* oder *sein*.

Am Morgen _____ wir _____ .

Wir haben _____ .

Dort _____ wir _____ .

Am Nachmittag _____

Wir _____

und _____ .

Tag 1
- am Morgen mit Flug-
  gleitern aufgebrochen
- einen Ausflug in die
  Galaxwüste gemacht
- Sternensand
  gesammelt
- Allball gespielt
- über die Neonberge
  geflogen
- im Klassenraumschiff
  geschlafen

Das Präteritum bei schwachen Verben

Wenn man **schriftlich** von etwas **Vergangenem** erzählt (z. B. in Geschichten oder Berichten),
verwendet man in der Regel **das Präteritum.**
Schwache Verben haben im **Präteritum** eine **Endung mit *t*,** z. B.:

	Einzahl (Singular)	Mehrzahl (Plural)
1. Person:	*ich spiel**te***	*wir spiel**ten***
2. Person:	*du spiel**test***	*ihr spiel**tet***
3. Person:	*er/sie/es spiel**te***	*sie spiel**ten***

1 Tam liest den Bericht einer Forscherin über ihre Erkundungen auf dem Planeten Cetrix.
Bilde mit Hilfe der Verbmaschine rechts Verbformen im Präteritum und ergänze die Lücken im Text.
Tipp: Umrahme erst die Subjekte (*Wer* oder *was?*). Die Endungen der Verben müssen dazu passen.

Die unheimlichen Raketenraupen – Teil 1

(Eine meiner vielen Forschungsreisen) führte _____ (führen)

mich auf den Planeten Cetrix. Schon damals _____

(machen) (die Bewohner von Betax) in ihrer Freizeit Ausflüge

auf den Planeten.

Sie _____ (erfreuen) sich an der schönen

Landschaft mit Bergen und Seen.

Cetrix _____ (wirken) wie ein normaler Urlaubsplanet, als ich ihn im Jahr

2127 mit meinem Raumschiff _____ (erreichen). Mit meiner Ausrüstung

_____ (marschieren) ich in den Manganwald, um dort Bodenproben zu

entnehmen. Plötzlich _____ (hören) ich lautes Geschrei. Das Unterholz

_____ (knacken) und eine Gruppe aufgeregter Wanderer _____ (rasen)

in Richtung Tal. Ich _____ (blicken) in angsterfüllte Gesichter.

„Raketenraupen!", _____ (brüllen) einer von ihnen voller Panik und

_____ (sausen) weiter. Dann …

führ-, mach-,
erfreu-, wirk-,
erreich-,
marschier-,
hör-,
knack-,
ras-,
blick-,
brüll-,
saus-

-te
-test
-ten
-tet

füh**rte**

Das Präteritum bei starken Verben

1 Die Fortsetzung des Berichts über den Planeten Cetrix enthält viele starke Verben im Präteritum.
a Unterstreiche in jedem Satz die Verbform im Präteritum.
b Schreibe zu jedem unterstrichenen Verb den passenden Infinitiv an den Rand.
c Markiere die veränderten Vokale wie im Beispiel farbig.

Die unheimlichen Raketenraupen – Teil 2

Dann stand ich plötzlich vollkommen allein unter den Bäumen.   stehen

Gab es hier tatsächlich Raketenraupen? Die letzten dieser Tiere

verschwanden bereits vor über 2000 Jahren aus unserer Galaxie.

Man hielt diesen Planeten für sicher. Bis auf ein paar harmlose

Kleinsaurier befanden sich hier keine Lebewesen. ...

d In diesem Teil des Berichts fehlen passende Verbformen im Präteritum. Notiere sie auf den Zeilen.
Im Kasten unten findest du Hilfen.

Ein lautes Brüllen brachte _____ (bringen) mich zurück in die Wirklichkeit. Zwei riesige Raketen-

raupen _____ (kommen) in atemberaubendem Tempo näher. In ihren weit geöff-

neten Mäulern _____ (sehen) ich unzählige messerscharfe Zähne. „Wartet auf

mich!", _____ (rufen) ich voller Panik, aber die Wanderer _____

(verschwinden) schon in der Ferne. Ich _____ (werfen) meine Ausrüstung

auf den Boden und _____ (rennen) um mein Leben. Endlich _____

(stehen) ich vor meinem geparkten Raumschiff ...

warf • sah • rief • ~~brachte~~ • verschwanden • stand • kamen • rannte

Deutschbuch

Differenzierende Ausgabe
Baden-Württemberg

Arbeitsheft
Lösungen

5

Cornelsen

Arbeitstechniken

Seite 6

Lesbar schreiben

1 **a** Brief 1 ist besser lesbar.

1 **b** In Brief 1 wurden alle Regeln beachtet, in Brief 2 nicht.

2 **a,b**

> dein Name
> deine Straße mit Hausnummer
> dein Wohnort
>
> Noa Fertig
> Postweg 1
> 12345 Baumstadt

Seite 7

Das Lesen trainieren

1 **a** NASENBÄR UNTERSUCHUNGSERGEBNIS
KLASSENAUSFLUG FRIEDENSTAUBE FASNACHTSFEIER
HASENPFOTE ROSENBLÜTE FUGENELEMENT
LIEBESBRIEF TANNENBAUM EINIGUNGSVERSUCH

3 **a** E | le | fan | ten | ge | dächt | nis | ü | bungs | be | schrei | bung
b A SchwimmhalleSchimmhalleSchwimmhalleSchwimhalleSchwimmhaleSchwimmhalle
RettungshundRettunghundRettungshndRettungshudRettungshundRettungshundReddungshund
FahrradketteFahrradketteFahrradketteFahrredketteFahrradketteFaradketteFahrradetteFahrradkette
B SchelmenstreichSchemenstreichSchelmenstreichSchelmenstrchSchlmenstreichSchelmenstrich
RegenpauseRegenpauseRegepauseRegennpauseRegenpauseRegenpauseRegenpaseRegenpause
BaustellenschildBaustellenschidBaustelenschildBaustellenschilfBaustellenschildBaustellenschild
C GummistiefelGummistiefilGummistiefelGumistiefelGummistiefelGummistieffelGummistiefel
TrinkflascheTrinkflascheTrinkfalscheTrinkflscheTrinkflascheTrinkflascheTrinkflascheTrinkflache
DeutschbuchDeutschbuschDeutschbuchDeutschbuchDeuttschbuchDeutschbuchDeuschbuch

Erlebnisse spannend erzählen

Seite 8

Eine Geschichte untersuchen

1 **a** Einleitung 1, Hauptteil 2, Schluss 3
b Anton und Sina im Garten ihrer Tante
c *Mögliche Lösung:*
Sina und Anton schlafen ein. → Sina hört etwas. → Sie weckt Anton. → Sie blicken ängstlich über den Rand der Hängematte. → Sie entdecken den Hund. → Sie holen ihn in die Hängematte.
d *Höhepunkt der Geschichte:*
Mit klopfenden Herzen blickten die beiden über den Rand der Hängematte.

2 a *treffende Verben in Abschnitt 3:*
auf sich aufmerksam machen, weiterschlafen
anschauliche Adjektive in Abschnitt 3: niedliche, kleine, erleichtert

  b _____ = *wörtliche Rede* ~~~~~ = *Redebegleitsatz*
Leise fragte sie: „Anton, bist du das?" „Was ist? Warum weckst du mich?", murmelte er verschlafen.
Sina flüsterte: „Da schleicht jemand im Garten herum!" „Ist das ein Einbrecher?", wisperte er erschrocken.

  c *Verben im Präteritum:* wollten, wurde, kletterten, machten, bestaunten, schliefen, erwachte, lag, bewegte, fragte, murmelte, flüsterte, hörte, wisperte, blickten, saß, versuchte, lachten, holten, konnten

Seite 9

Eine spannende Geschichte schreiben

1 b *Antwort B ist richtig.*

2 a, b *Mögliche Ergänzungen:*
Hauptfiguren: Zwillinge Tara und Yunis, etwa elf Jahre alt; **Zeit:** abends/nachts; **Ort:** Baumhaus im Garten
Was geschieht zuerst? Kinder spielen im Baumhaus, kriechen in ihre Schlafsäcke
Welches Problem tritt auf? Yunis erwacht
An welcher Stelle fällt die Spannungskurve wieder ab? Yunis sieht unheimlichen Schatten, bekommt Angst
(= Höhepunkt), Tara erwacht, erklärt lachend, dass es Fledermäuse sind
Wie wird der Text abgerundet? sie lachen beide, erzählen den Großeltern das Erlebnis

Seite 10

3 An einem heißen Tag **in den Sommerferien** wollten **meine Schwester Tara** und ich **im Garten meiner Großeltern** übernachten. Schon bei der Ankunft staunte ich wieder einmal über die **knorrigen, alten Bäume** und das **prächtige Baumhaus** hoch oben in der Baumkrone einer alten Kastanie.

4 a, b Den Nachmittag verbrachten wir mit Klettern und Kartenspielen. ~~Dann~~ **Bei Sonnenuntergang** riefen Oma und Opa uns zum Essen. ~~Dann~~ **Kurz darauf** saßen Tara und ich gemeinsam auf der kleinen Terrasse des Baumhauses und knabberten Erdnüsse. ~~Dann~~ **Anschließend** rollten wir müde unsere Schlafsäcke aus. ~~Dann~~ **Nach einer Weile** stellte ich fest, dass Tara eingeschlafen war. Ich konnte erst gar nicht einschlafen, weil ich zu aufgeregt war. ~~Dann~~ **Schließlich** fielen auch mir die Augen zu.

5 **seltsame** Geräusche, **gefährliche** Tiere, eine **unsichtbare** Hand, einen **flatternden** Schatten, ein **entsetzliches** Gespenst

6 Da hörte ich …, Sekunden später schien plötzlich eine …

Seite 11

Anschaulich und abwechslungsreich erzählen

1 *oben links:* die Baumkrone, der Eingang; *oben rechts:* die Terrasse, der Ast; *unten:* die Strickleiter, die Schaukel

2 a, b Am Nachmittag ~~waren~~ **saßen** wir lange im Baumhaus und spielten Karten. Das Haus ~~war~~ **bestand** aus dicken Brettern und ~~war~~ **versteckte sich** ziemlich weit oben auf den dicken Ästen des alten Baumes. Am Eingang ~~war~~ **hing** eine Strickleiter, auf der man in das Baumhaus klettern konnte. An einem Ast ~~war~~ **baumelte** eine Schaukel.

3 Das Baumhaus **versteckte sich** in der Baumkrone. / Tara **schaukelte** in einem alten Autoreifen. /
Ich **kletterte** über eine Strickleiter auf das Baumhaus. / Die Strickleiter **schwebte** leicht über dem Rasen. /
Wir **legten** Decken und Kissen ins Baumhaus. / Ich **stellte** eine Laterne auf den Tisch.

Seite 12

Gefühle und Gedanken ausdrücken

1 b 1 B – 2 A – 3 E – 4 C – 5 D
  c *Mögliche Lösung:*
  „Ich will hier weg!"

2 Tara murmelte: „Was ist denn los?" / Sie rief genervt: „Wieso machst du so ein Theater?" /
  Sie sagte lachend: „Ich sehe keine Gespenster!" / „Das sind doch nur Fledermäuse", erklärte sie ruhig. /
  „Freu dich, dass es die hier noch gibt!", fügte sie hinzu.

3 *Mögliche Lösung:*

> Am Abend rollten Tara und ich müde unserer Schlafsäcke im Baumhaus aus. Behaglich kuschelten wir uns
> hinein. „Das wird bestimmt eine gemütliche Nacht", freute ich mich. „Ich würde am liebsten immer hier
> draußen schlafen", ergänzte ich fröhlich. Nach einer Weile stellte ich fest, dass Tara eingeschlafen war. Ich
> kam erst gar nicht zur Ruhe, weil ich zu aufgeregt war. Schließlich fielen auch mir die Augen zu. Plötzlich
> schreckte mich ein seltsames Geräusch aus dem Halbschlaf. Mein Herz begann, schneller zu schlagen.
> „Hast du das auch gehört?", fragte ich Tara erschrocken. „Was ist denn los?", murmelte Tara.
> „Wieso machst du so ein Theater?", fragte sie dann genervt. Irgendetwas krabbelte um mich herum und
> berührte mein Gesicht. Waren das Insekten oder Mäuse, die in meinen Schlafsack kriechen wollten? Im
> Schein der Laterne erkannte ich einen verzerrten Schatten an der Wand. Sekunden später flatterte etwas über
> meinen Kopf. Voller Angst flüsterte ich meiner Schwester zu: „Wach auf! Ich glaube, hier ist ein Gespenst!"
> Blitzschnell zog ich den Schlafsack über seinen Kopf. „Ich sehe keine Gespenster!", sagte meine Schwester.
> „Das sind doch nur Fledermäuse. Freu dich, dass es die hier noch gibt!", fügte sie lachend hinzu.

Seite 13

Leserinnen und Leser fesseln – Spannung erzeugen

1 a B An einem Sommertag freuten wir uns auf ein Wochenende bei unseren Großeltern, an dem wir eine lustige Nacht
  im Baumhaus verbringen wollten. <u>Noch ahnten wir nicht, dass alles ganz anders kommen sollte.</u>
  b Die Andeutung macht neugierig.
  c *Mögliche Lösung:*
  An einem heißen Tag in den Sommerferien wollten meine Schwester Tara und ich eine Nacht im Baumhaus unserer
  Großeltern verbringen. Voller Freude richteten wir uns dort ein, **aber noch konnten wir nicht wissen, was uns in
  dieser Nacht erwartete.**

2 ich <u>bibberte</u> vor Angst, ich bekam <u>weiche</u> Knie, mein Puls <u>raste</u>, mir <u>fiel</u> ein Stein vom Herzen,
  ich <u>zitterte</u> am ganzen Leib, <u>erleichtert</u> atmete ich auf

3 a Die Aussagen A und C wirken spannend.
  b *Mögliche Lösung:*
    B Riesige Schatten an der Wand bewegten sich bedrohlich auf mich zu.
    D Voller Panik flüsterte ich meiner Schwester zu: „Hier spukt es!"

4 *Mögliche Lösung:*
    A Wir kicherten noch lange darüber, dass ich die Fledermäuse für Gespenster gehalten hatte.
    B Unsere Großeltern staunten, als wir am nächsten Morgen von unserem Erlebnis erzählten.
      „Das war ja eine abenteuerliche Nacht in unserem Gruselgarten", lachte Opa.

5 **a** *Mögliche Lösung:*

Einleitung: An einem Sommertag freuten sich Tara und ich auf ein Wochenende bei unseren Großeltern, an dem wir eine lustige Nacht im Baumhaus verbringen wollten. Noch ahnten wir nicht, dass alles ganz anders kommen sollte.

Hauptteil: *siehe Lösung zu S. 12 / Aufgabe 3* (▶ Lösungsheft, S. 4)

Schluss: Wir kicherten noch lange darüber, dass ich die Fledermäuse für Gespenster gehalten hatte.

Seite 14

Teste dich! – Erlebnisse erzählen

1

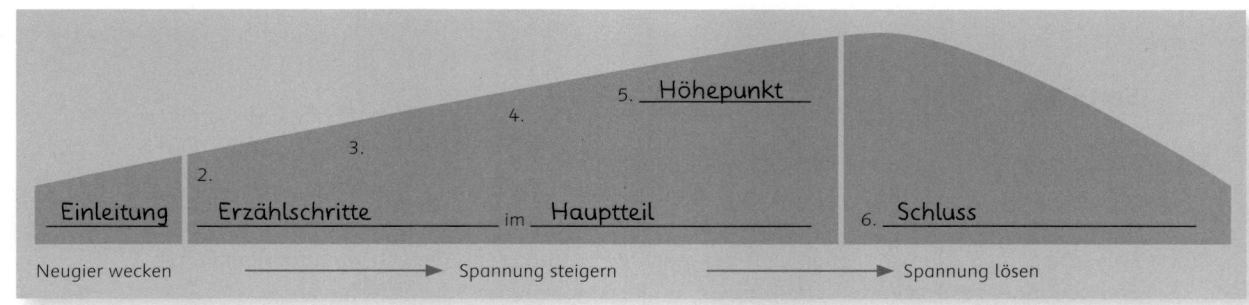

2 Präteritum

3 *Mögliche Lösung:*

... den **Satzanfang**: dann, daraufhin, als Nächstes, anschließend, danach

... das **Adjektiv**: ängstlich, furchtsam, vorsichtig, erschrocken

4 vor Angst mit den Zähnen klappern • sich wie ein Schneekönig freuen • ~~Freude verspüren~~ • starr vor Schreck sein • ~~müde sein~~ • unter Strom stehen

5 *Mögliche Lösung:* flüsterte/wisperte/hauchte, antwortete ich / gab ich zurück / erwiderte ich, schrie/quiekte/kreischte

Nach Vorgaben erzählen

Seite 15

Vorgaben auswerten

1 *Mögliche Antworten auf die W-Fragen:*

Wer ist auf dem Bild zu sehen? Vier Kinder mit Rucksäcken bei einer Vesperpause

Was finden die Kinder? ein altes Schwert

Wo passiert es? In der Nähe von Owen an einem frisch gepflügten Feld

2 **a, b**

3 nach einer Stunde alle erschöpft, Streit um richtige Abzweigung

5 beim Hinrennen entdecke ich Schwert im umgepflügten Feld

~~Erik bricht sich an der Kletterwand das Bein~~

2 beim Losgehen alle fröhlich, rätseln, was wohl der Schatz sein könnte

1 Lehrer erklärt Regeln für die Schnitzeljagd

~~entdecken im Zoo eine entlaufene Schildkröte~~

4 entdecken einen großen Stein (Findling) am Feldrand

Seite 16

Zu Reizwörtern erzählen

1 *Mögliche Lösung:* spielende Kinder – Küchenzelt – Bäume – Wiese – Waldlichtung – Bänke um das Lagerfeuer – Mast mit Fahne – Bach/Fluss usw.
2 *Mögliche Antworten auf die W-Fragen:*
   Wer übernahm die Nachtwache? mein bester Freund Marc und ich
   Wann begann die Nachtwache und wann endete sie? Mitternacht; 2,5 Std. = bis 2.30 Uhr
   Wo genau musste der Wachposten stehen? bei einer alten Turmruine, etwas abseits des Zeltplatzes
   Was passierte während der Nachtwache? Lautes Rascheln ängstigte die Wachposten; Gruppenleiter kam leise dazu; die Wachen bemerkten ihn nicht und erschraken.

Seite 17

3 **a** Mit dem Ohr wird das laute Rascheln wahrgenommen.
   b *Mögliche Lösung:* Tierrufe (Käuzchenruf, Hundebellen), leise Schritte, abbrechende Äste, Knistern des Lagerfeuers

4 **a** *Mögliche Lösung:* Geruch: Feuer, Duft des feuchten Waldbodens, Geruch von modrigem Laub …
   Empfindungen: z. B.: Gänsehaut, Kribbeln am Rücken, nervöse Bauchschmerzen …
   b *Mögliche Gedanken:*
   „Oje, was war das für ein Knacken?" – „Wenn ich doch zu Hause in meinem kuschligen Bett läge!" –
   „Der Geruch erinnert mich an einen Keller. Sicher wachsen hier Pilze." – „Das Feuer knistert so gemütlich und ruhig."

5 *Beispiel für einen Schreibplan:*
   Einleitung:
   Figuren: Gruppe der Jugendfreuerwehr, ich, mein bester Freund Marc, Gruppenleiter Christian
   Zeit: Pfingstferien, Nachtwache ab Mitternacht
   Ort: Zeltlager, Waldlichtung mit einem kleinen Bachlauf bei Wolframseschenbach, bei einer Turmruine
   Hauptteil:
   Wie war der Handlungsablauf?
   Zeltlagerverlauf zwei Tage normal; in der dritten Nacht sollte unsere Gruppe Nachtwache halten;
   Aufregung und ein wenig Angst; Marc und ich hielten ab Mitternacht Wache; dabei Knacken von Zweigen,
   lautes Rascheln, Unruhe; Verlust der Taschenlampe, plötzlich eine Hand auf meiner Schulter, riesiger Schrecken;
   es war die Hand von Christian, raschelnde Gestalt war ein Wiesel
   Schluss: Gruppenleiter blieb bei uns, weiterhin mulmiges Gefühl

6+7 *Mögliche Lösung:*

Unheimliche Nachtwache
Letztes Jahr in den Pfingstferien fuhren mein bester Freund Marc und ich mit der Jugendfeuerwehr in ein
Zeltlager am Bodensee. Der riesige Zeltplatz war von hohen Bäumen umstanden. Die ersten beiden Tage
verliefen ohne Zwischenfall und wir machten mit unseren Gruppenleitern viele Spiele. In der dritten Nacht
sollte es aber weniger angenehm werden! Jeden Abend wurde eine kleine Gruppe für die Nachtwache am
Rand des Lagers eingeteilt. Am dritten Abend waren Marc und ich an der Reihe. Schon wenn ich daran
dachte, hatte ich ein gehöriges Kribbeln in der Magengegend. Gegen 22 Uhr wurden alle Gruppen in die
Zelte zum Schlafen geschickt. Auch wir hatten noch zwei Stunden Zeit, bis unsere Wache begann. Ich konnte
allerdings kein Auge zumachen, denn ich hatte nun richtig Angst. Kurz vor Mitternacht kam unser
Gruppenleiter Christian leise ins Zelt und weckte Marc und mich. Wir sollten nun die Nachtwache
übernehmen. Mit weichen Knien begaben wir uns auf unsere Posten. Es war stockfinster, man konnte die
Hand vor Augen nicht erkennen. Ständig hörte man Geräusche aus dem Wald, ein Käuzchen rief und einmal
glaubte ich, ein Reh oder einen Hirsch zu erkennen. „Hast du das gesehen?", stotterte Marc. Ich fuhr herum
und wollte gerade meine Taschenlampe einschalten, als mich ein lautes Rascheln zusammenzucken ließ. Vor

---

Schreck ließ ich meine Lampe zu Boden fallen und sie rollte weg. „Oh nein!", jammerte ich, „meine teure Taschenlampe ist weg, jetzt sind wir geliefert." Plötzlich knackte es wieder laut neben uns. „Arrrrgh", schrien wir beide. „Was war das?", wisperte Marc. In diesem Augenblick legte sich eine Hand auf meine Schulter. Mir blieb fast das Herz stehen. „Warum brüllt ihr so herum?", flüsterte mir Christian ins Ohr. „Mein Gott, hast du uns erschreckt!", stöhnte Marc. „Da hinten raschelt es verdächtig!", ergänzte er. Im Schein der Taschenlampe unseres Gruppenleiters erkannten wir nun einen kleines Wiesel, das sofort weghuschte. „Mann, sind wir Angsthasen!", schämten wir uns sofort. Unser Gruppenleiter blieb dann den Rest der Wachzeit bis 2.30 Uhr bei uns. Auch am nächsten Tag war uns noch ganz mulmig von unserem nächtlichen Erlebnis!

Seite 18

Zu einem Bild erzählen

1 *Mögliche Lösung:*
Wer? Ein Junge und ein etwas kleineres Mädchen mit Kletterausrüstung = Leander und Janita
Wo? Kletterwald/Abenteuerspielplatz, wohl auf einer Plattform
Wann? An einem sonnigen Frühlingstag

2 **a** *Alle Vorschläge sind möglich. In den Lösungen wird mit Vorschlag C weitergearbeitet*
   b – liehen sich Kletterausrüstung aus
   – Leander hatte Angst vor der Seilbahn, wollte aber nicht ausgelacht werden
   – Janita fiel von Plattform, hing im Seil
   – Leander zog sie wieder hoch
   – Geschwister rutschten nacheinander die Seilbahn hinunter, keine Angst mehr
   – Kinder belohnten sich mit einem Eis

Seite 19

3 **a** linke Figur: über das ganze Gesicht strahlen
   Figur in der Mitte: ängstlich blicken
   rechte Figur: in verkrampfter Haltung dastehen
   b *Mögliche Lösung:*
   Leander steht auf einer Plattform, hakt gerade sein Seil ein, sein Gesicht ist angespannt und ängstlich schaut er in die Tiefe.
   c *Mögliche Lösung:*
   mit konzentriertem Blick, aufmerksam, unsicher beugte er sich …, mit zitternden Fingern hakte er …

4 *Mögliche Lösung:*
   „Das schaffe ich!" „Ich will nicht wieder als Feigling dastehen!" „Mann, ist das hoch, aber da, wo ich landen werde, liegt viel weiches Laub."
   zuversichtlich, ängstlich, beschämt, mutig

5 *Mögliche Lösung:*

> **Ein abenteuerlicher Kletterausflug**
> An einem Samstag im Frühling durften Leander und seine Schwester Janita zum ersten Mal allein zum Kletterwald fahren. Die Sonne schien und die Kinder waren gut gelaunt. Dass der Ausflug sehr spannend werden sollte, ahnten sie noch nicht.
> „Ha, sicher traust du dich wieder nicht, mit der Seilbahn zu fahren!", stichelte Janita, während sie an der Kasse warteten. Leander wurde rot. Beim letzten Mal war er tatsächlich vor der Seilbahn umgekehrt. Die Kinder bekamen eine kurze Anleitung und ihre Ausrüstung, dann ging es los. Janita lief natürlich vorweg und kletterte auf eine Plattform. Die ersten Hindernisse, einige schwingende Stämme und ein Netz, überwanden sie ohne Schwierigkeiten. Doch dann erreichten sie die Seilbahn. Leander wurde es mulmig zumute. „Oh,

hoffentlich schaffe ich es diesmal", dachte er. Unsicher schaute er nach unten und ihm wurde schwindelig. „Na, du traust dich wieder nicht, was?", rief Janita und drehte ihm den Rücken zu. „Wenn ich jetzt wieder umkehre, lacht sie mich zu Recht aus." Mit zitternden Fingern wollte Leander sein Seil einhaken, da hörte er hinter sich einen Schrei: „Leander, schnell, ich bin abgerutscht und mein Seil ist noch nicht fest."

Leander fuhr herum und sah Janita mit aufgerissenen Augen über dem Abgrund hängen. Auf einmal wurde er ganz ruhig. Konzentriert hakte er sein Seil ein und zog Janita dann mit einer Hand zurück auf die Plattform. „Danke", murmelte Janita, dann grinste sie und rief übertrieben: „Mein Held!" Da musste auch Leander grinsen.

Auf einmal war alles ganz leicht: Nacheinander rutschten die Geschwister die Seilbahn hinab. Janita bekam ein Pflaster für ihre aufgeschürfte Wade und dann aßen die Geschwister ein großes Eis und feierten Leanders Tat.

Seite 20/21

Zu einer Bildergeschichte erzählen

1+2 **a, b** *Hier findest du ein Beispiel für den Schreibplan. Er setzt sich zusammen aus den Sätzen zu jedem Bild (Aufgabe 1) und den ausformulierten Sätzen zu den Puzzleteilen, die die Bilder verbinden (Aufgabe 2).*
Bild 1: Zwei Kinder (ein Junge, ein Mädchen) sahen einen Gruselfilm, während die Eltern sich verabschiedeten.
Mögliches Puzzleteil 1, 2: Die Kinder gingen ins Bad zum Zähneputzen, legten sich ins Bett und schliefen ein.
Bild 2: Die Katze stieß das geöffnete Fenster zu, sodass es einen lauten Krach gab.
Bild 3: Die Kinder schreckten auf und fürchteten einen Einbrecher.
Puzzleteil 3, 4: Die Kinder krabbelten aus ihren Betten, bewegten sich auf Zehenspitzen zur Tür und blickten durch einen Spalt, konnten aber nichts erkennen.
Bild 4: Die Kinder schlichen sich durch das stockdunkle Haus und die Treppe hinunter.
Puzzleteil 4, 5: Plötzlich tauchte ein Schatten auf, sie hörten unheimliche Geräusche. In diesem Moment kamen die Eltern nach Hause.
Bild 5: Als die Eltern das Licht einschalteten, erkannten die Kinder, dass die Katze den Lärm verursacht hatte.

3 **a** Am besten passt die Überschrift: Geheimnisvolle Geräusche
b *Mögliche Lösung:* Schrecken in der Nacht

4 *Mögliche Lösung:*
Wer? Junge = Oliver, Mädchen = Eva, Eltern der beiden, Katze
Er-/Sie-Erzählung
Wann? An einem Freitagabend
Wo? Im Haus der Familie: Wohnzimmer
Andeutung: Die Nacht sollte leider nicht so ruhig werden, wie die Eltern sich das gedacht hatten.
Oder: Allerdings sollte die Nacht wegen eines ungebetenen Besuchers noch eine rasante Wendung nehmen.

Seite 22

5 *Mögliche Lösung:* „Ich hab fürchterliche Angst." – „Hoffentlich ist kein Einbrecher im Haus!" – „Mir schlottern die Knie." – „Hoffentlich passiert uns nichts." – „Warum sind unsere Eltern noch nicht zu Hause?" – „Ob Eva auch so große Angst hat?" – „Ich traue mich gar nicht nachzusehen, was das war."

6 **a + b** *Mögliche Lösung:* „Ich kann nichts erkennen", **flüsterte** Eva und lugte in das düstere Treppenhaus. Gerade wollte Oliver ihr antworten, dass er auch nichts sehen konnte, als ein Schatten an der Wand **auftauchte**. Plötzlich **huschte** eine kleine Gestalt über die Stufen. Oliver **stotterte**: „Was war das?" Da hörten die beiden Kinder schon wieder ein unheimliches Geräusch. Da ist etwas vor unserer Haustür!", **schrie** Eva entsetzt auf. Kurz darauf **klapperte** es an der Eingangstür.

7 *Mögliche Lösung:*

> ### Geheimnisvolle Geräusche
>
> An einem Freitagabend saßen Eva und Oliver vor dem Fernseher und durften einen Gruselfilm ansehen. Gebannt blickten sie auf den Bildschirm. Ihre Eltern wollten Nachbarn besuchen und ermahnten die Kinder, nicht zu spät ins Bett zu gehen. Allerdings sollte die Nacht wegen eines ungebetenen Besuchers noch eine rasante Wendung nehmen.
>
> Nachdem der Film zu Ende war, schaltete Oliver den Fernseher aus. Die beiden liefen die Treppe hinauf, zogen ihre Schlafanzüge an und marschierten ins Bad. Das Waschen fiel ohne die Aufsicht der Eltern etwas knapper aus. Kurze Zeit später schliefen sie ein. Plötzlich ließ ein Poltern beide aus ihren Träumen hochschrecken. „Was war das?", flüsterte Eva mit zittriger Stimme. „K...k...keine Ahnung, das klang unheimlich", stotterte Oliver. „Hoffentlich ist kein Einbrecher im Haus", wisperte der Junge. Lautlos krabbelten die Kinder aus ihren Betten. Das leise Quietschen der Matratze ließ sie sofort zusammenfahren. Mit weichen Knien bewegten sie sich auf Zehenspitzen zur Zimmertür. Der Flur lag stockdunkel da, kein Laut war mehr zu vernehmen. Leise und ganz vorsichtig traten sie hinaus. Eva und Oliver schlichen über den dunklen Gang und blinzelten angespannt in die undurchdringliche Dunkelheit. „Ich kann immer noch nichts erkennen", flüsterte Eva und lugte in das stockfinstere Treppenhaus. Plötzlich huschte eine kleine Gestalt über die Stufen. Oliver stotterte: „Was war das?" Da hörten die beiden Kinder schon wieder ein unheimliches Geräusch. „Das kommt doch von draußen, vor unserer Haustür!", schrie Eva entsetzt auf. Kurz darauf klapperte es an der Eingangstür. Ihre Eltern traten in den Hausflur und knipsten das Licht an. „Was ist denn hier los?", fragte die Mutter etwas ungehalten. Schließlich erkannten die Geschwister Mimi, ihre getigerte Katze, die nun ganz unschuldig auf dem Sofa saß. Sie war zuvor auf das Fensterbrett des Kinderzimmers gesprungen und hatte das angelehnte Fenster mit viel Radau zugeschlagen. Erleichtert seufzte Eva: „Oh, Mimi, du hast uns einen echten Schrecken eingejagt!" Auch die Eltern lachten nun mit den Kindern.

Seite 23

Teste dich! – Nach Vorgaben erzählen

1 Richtig sind die Aussagen B, C und F.

2 *Passende Ideen:* Wandertag – ich und meine Freunde – entdecken riesiges Vogelnest – morsche Strickleiter hinter Absperrung – Vogelnest leer – Strickleiter reißt – Kind fällt, kann sich an Ast festhalten

3 Am letzten Dienstag stand ich extra früh auf, denn endlich fand unser lang ersehnter Wandertag statt. Ich ahnte nicht, welche Aufregung er bereit hielt. In Vierergruppen durfte ~~Milas Klasse~~ einen Baumwipfelpfad erkunden.   wir/meine Klasse
~~Sie~~ war froh, denn ich war mit meinen Freunden Leo, Artem und Lina in einer Gruppe.   Ich
Ein Betreuer erklärte uns kurz die Sicherheitsregeln und verteilte Helme und Gurte. Dann ging es schon los, denn ~~sie~~ waren die erste Gruppe. Ich lief voraus zum Aufstieg, die anderen   wir
folgten ~~ihr~~ begeistert.   mir

Eine Schelmengeschichte nacherzählen

Seite 24/25

Eine Schelmengeschichte verstehen

1 a *Mögliche Lösung:* Auf den Bildern erkenne ich Till Eulenspiegel. Er ist wohl die Hauptfigur der Geschichte. Außerdem sehe ich Teig und Brote in verschiedenen Formen. Auf einem Bild ist ein wütender Mann. Es ist ein Bäcker.
b Es handelt sich um eine Schelmengeschichte, denn die Hauptfigur ist für ihre Streiche berühmt.
c Meerkatzen sind eine Affenart.
Ein Bäckergeselle hat eine Lehre zum Bäcker abgeschlossen.

2 Eulenspiegel, ein Bäcker: Wer ist beteiligt?
Braunschweig: Wo spielt die Geschichte?
Als Eulenspiegel nach Braunschweig kam: Wann spielt die Geschichte?

3 a spöttisch (Z. 13–14)
b Warum weiß der Dummkopf nicht, was er backen soll?
c Till nimmt den Ausruf wörtlich.

Seite 26

Eine Nacherzählung planen

1 a + b + c
Möglichen Lösung. Die Textteile für Einleitung und Schluss sind fett gedruckt.

Z. 1–5	**Till wird von einem Bäcker in Braunschweig angestellt.**
Z. 6–8	Bäcker beauftragt Till, in einer Nacht allein zu backen.
Z. 9–15	Till fragt, was er backen soll.
	Der Bäcker antwortet ärgerlich.
Z. 16–18	Till backt Eulen und Meerkatzen.
Z. 19–25	Der Meister sieht am Morgen, was Till gebacken hat. Er stellt ihn wütend zur Rede.
	Till erklärt frech, dass er genau das gemacht habe, was der Meister ihm aufgetragen hat.
	Der Meister lässt Till den Brotteig bezahlen und wirft ihn dann hinaus.
Z. 26–29	Till geht auf den Markt und preist dort seine besonderen Brote an.
Z. 30–31	**Till kann alle Brote verkaufen und verdient dabei sogar noch Geld dazu.**

2 Till Eulenspiegel kam während seiner Zeit in Braunschweig in eine Bäckerei. Der Bäcker fragte Till nach seinem Beruf. Till behauptete, dass er ein Bäckergeselle sei. Der Bäcker stellte ihn daraufhin ein.

Seite 27

Eine Nacherzählung ausgestalten

1 Die Kernstelle „Dann back doch Eulen und Meerkatzen!" sollte wörtlich übernommen werden.

2 Der Bäcker fand Tills Frage dumm, **sodass** er zornig wurde.
Till stellte sich dumm, **denn** er wollte dem Bäcker einen Streich spielen.
Der Bäcker wurde rot vor Wut **und** schrie los.
Till nahm den Ausruf des Bäckers mit Absicht wörtlich, **deshalb** formte er aus dem Brotteig Eulen und Affen.

3 a + b
Der freche Till traf einmal in Brauschweig einen Bäcker, der ihn nach seinem Beruf fragte.

Der Bäcker suchte einen Gesellen und Till fing bei ihm zu arbeiten an.

Till hatte Eulen und Meerkatzen aus Brotteig gebacken. Als der Bäcker sie sah, wurde er wütend.

Die Braunschweigerinnen und Braunschweiger kamen neugierig zu Till gelaufen. Ihnen gefielen die lustigen Brote

des berühmten Schelmen und sie kauften ihm seine ganze Ware ab.

Seite 28

Nacherzählungen überarbeiten

1 **a** *Mögliche Lösung:*
Wenig später befahl ihm der Bäckermeister, ohne ihn zu arbeiten, denn er könnte einmal nicht in die Backstube kommen.

b *Mögliche Lösung:*
Till <u>stellte sich dumm</u>: „Was soll ich denn backen?" Der Bäcker <u>geriet außer sich vor Wut und brüllte wie ein Stier</u>: „Ein Bäckergeselle sollte das wissen." <u>Till zuckte die Achseln und blieb stumm wie ein Fisch</u>. Da <u>verhöhnte ihn</u> der Bäcker: „Dann back doch Eulen und Meerkatzen!"

2 **a + b**

„Na, Äffchen und Eulen, das hast du mir doch befohlen!"	Man kann erkennen, dass Till die Aufforderung des Bäckers wörtlich genommen hat.
~~„Ganz besondere Brote, die den Menschen sicher gut gefallen werden."~~	
„Ich habe das gebacken, was du wolltest: Eulen und Meerkatzen."	Die Umformulierung geht nicht auf die Aufforderung des Bäckers ein.
~~„Ich habe einfach mal etwas ausprobiert, dann sind diese lustigen Tiere herausgekommen."~~	

3 **a + b**

1 Der Bäcker schrie außer sich vor Wut: „Die Zutaten zum Teig haben mich Geld gekostet! Das musst du mir ersetzen. Danach geh mir aus den Augen – und nimm deine lächerlichen Brote mit." Till gab ihm das Geld und verließ mit den Broten die Bäckerei.

2 Mit seinen besonderen Broten lief Till zum Markt und pries sie dort lautstark an.
Die Braunschweigerinnen und Braunschweiger kauften ihm alle Eulen und Meerkatzen ab.

3 Till verdiente an diesem Tag durch den Verkauf viel Geld. ~~Er freute sich, weil der Streich genau so funktioniert hatte, wie er ihn schon vor Wochen mit seinem Freund Emil geplant hatte.~~

Seite 29

Teste dich! – Nacherzählen

1 *Richtig sind folgende Aussagen:*
In der Einleitung informiere ich über das Wer, Wo und Wann.
Ich erzähle in eigenen Worten, wichtige Kernstellen darf ich wörtlich wiedergeben.

2 **a** ~~Die~~ **Der Hodscha und sein Freund** trafen sich ~~einmal~~ **an einem heißen Tag.**
Als sie durstig wurden, wollten sie ~~dort~~ **in einem Laden** ein Glas Milch teilen, weil sie beide nicht viel Geld hatten.

b **Weil** Nasreddins Freund nur süße Milch mochte, sagte er: „Ich habe ein bisschen Zucker dabei, der reicht aber nur für meine Hälfte, trink also du zuerst." **Daraufhin** antwortete der Hodscha: „Gib ihn doch jetzt hinein."
Sofort wurde der Freund ärgerlich: „Ich will den Zucker aber ganz allein für mich!"

c Da holte der Hodscha ein bisschen Salz hervor. Er zeigte es dem Freund und sagte zu ihm:

„Dann trinke ich die Milch zuerst. Ich trinke sie aber gern salzig."

Ein Märchen untersuchen und fortsetzen

Seite 30

1 **a** Der Bauernjunge soll die entführte Prinzessin aus dem Hexenwald befreien.

b **typische Märchenfiguren:** armer Bauernjunge, König, böse Hexe, Prinzessin
magische Zahlen/Gegenstände: drei Fischschuppen
sprechende Tiere: ein Karpfen

c Es war einmal … (Z. 1) = Anfangsformel
schupp-di-wupp (Z. 22–23) = Zauberformel/Reim

d *Mögliche Beispiele:* war, lebte, saß, betrachtete

Seite 31

Einen Schreibplan erstellen

1 **a + b** *Mögliche Aufgaben:* Fluss oder Moor überqueren, goldene Früchte von einem hohen Baum ernten, ein Adlernest erreichen, auf ein bestimmtes Ziel schießen, eine Hexe besiegen, eine Tür / einen Käfig öffnen …
Ideen für weitere Hilfen: größer werden, fliegen können, zielsicher werden, unsichtbar sein …

2 **a + b +c** *Mögliche Lösung:*

Schreibplan	
Figuren	Bauernjunge Hexe Prinzessin
magischer Gegenstand / magische Zahl	Adler Bär _____
Handlung im Hauptteil	2. Aufgabe/Problem: <u>Hexe bewacht Hexenhaus</u> Hilfe durch Gegenstand/Figur: <u>Fischschuppe und Adler</u> 3. Aufgabe/Problem: <u>Prinzessin sitzt in eisernem Käfig</u> Hilfe durch Gegenstand/Figur: <u>Fischschuppe und Bär</u>
Schluss	Wie wird das Böse bestraft?: <u>Hexe wird in Regenwurm verwandelt und gefressen</u> Wie wird das Gute belohnt?: <u>Bauernjunge wird reich, heiratet Prinzessin</u>

3 **a** Der Bauernjunge lief tapfer in den Hexenwald hinein. Nach einer Weile gelangte er an ein Haus. Als er sich näherte, entdeckte er eine Hexe. Neugierig versuchte er, sich anzuschleichen, doch leider bemerkte ihn die Hexe und rief: „Fort von hier, sonst mache ich Braten aus dir!" Schnell griff der Junge nach der zweiten Fischschuppe und sprach leise: „Verzaubere die Hexe in einen Regenwurm!" Und – schupp-di-wupp – passierte es: Die böse Hexe verwandelte sich in einen winzigen Wurm. Da kam ein Adler und fraß den Wurm.
Wenig später hörte der Bauernjunge Rufe aus dem Keller und stieg die Treppe hinab. Da erblickte er die wunderschöne Prinzessin in einem Käfig. „Bitte hol mich hier raus!", flehte sie. Doch er konnte keinen Schlüssel finden. Gut, dass er die dritte Schuppe hatte! Schupp-di-wupp – wünschte er sich einen starken Bären herbei, der das Schloss des Käfigs zerschlug . Die Prinzessin und der Junge waren überglücklich.
Als die Prinzessin und der Bauernjunge wieder zu Hause waren, wurden sie freudig in Empfang genommen und feierten Hochzeit. Den starken Bären holten sie zu sich. Und wenn sie nicht gestorben sind, dann leben sie noch heute.

Seite 32

Eine Märchenfortsetzung überarbeiten

1 a + b *Die unpassenden genauen Angaben zu Zeit und Ort sind hier fett gedruckt und gestrichen.*
Der Junge lief los ~~von Blaubeuren aus in Richtung Bad Urach~~. Er erreichte ~~nach fünf Stunden~~ eine Höhle, die von einem Bären bewacht wurde. Als der Bär den Jungen sah, brüllte er ~~total aggressiv~~, sodass der Bauernjunge ~~voll Angst bekam~~.　　　　　　bedrohlich erschrak
„~~Alter~~," rief der Junge, „so lass mich doch vorbei. Ich werde dir auch nichts Böses tun. Ich　　Ach, lieber Bär
will es dir gerne erklären. Aber ich spreche leider deine Sprache nicht." Er griff zur zweiten
Fischschuppe und sprach: „Fischschuppe, hilf mir, die Sprache der Bären zu sprechen." Und
– schupp-di-wupp – konnte der Junge plötzlich mit dem Bären sprechen. Dieser ~~entspannte~~　wurde plötzlich sanft
~~sich~~, und nachdem der Junge ihm seine Lage erklärt hatte, sagte er: „~~Ey Mann~~, ich werde　Lieber Junge
dir helfen, die Prinzessin zu finden. ~~Da lang.~~" ~~Das alles passierte am 11. Juni 1673~~.　　　Folge mir

2 A Der Bauernjunge **näherte** sich dem Haus. Er **entdeckte** die Hexe, die den Eingang streng **bewachte**. Schnell **berührte** er die zweite Fischschuppe und **sagte** leise: „Verzaubere die Hexe in einen Regenwurm!" Und – schupp-di-wupp – **verwandelte** sich die Hexe ...
　B Der Junge **betrat** das Haus und **stieg** in den Keller hinab. Da **saß** die Prinzessin und **rief** erleichtert: „Ich bin gerettet! Lass uns fliehen!" Der Bauernjunge **griff** nach der dritten Schuppe und **bat** darum, schnell nach Hause zu kommen. Da **flog** ein großer Adler herbei ...

3 *Mögliche Lösung:*
Die Hexe bewachte Tag und Nacht das Hexenhaus. Der Junge hatte große Angst vor ihr und wusste nicht, was er tun sollte. Da fielen ihm die Fischschuppen wieder ein. Er griff nach der zweiten Schuppe, rieb leicht daran und sprach leise: „Die böse Hexe soll sich in eine Kröte verwandeln." Schupp-di-wupp, verwandelte sich die Hexe in eine kleine Kröte und verschwand in einem Erdloch. Erleichtert atmete der Junge auf und betrat das Haus.
Er hörte Rufe aus dem Keller und stieg die Treppe hinab. Da sah er die wunderschöne Prinzessin in einem Käfig sitzen. „Bitte hol mich hier raus!", flehte sie. Doch er konnte keinen Schlüssel finden. „Liebe Schuppe, hilf mir!", rief er aus. Schupp-di-wupp, flog ein riesiger Adler herbei und biss mit seinem kräftigen Schnabel das Schloss des Käfigs auf. Die Prinzessin und der Junge waren überglücklich.

Seite 33

Ein Märchen weiterschreiben

1 *Mögliche weitere Ideen:*
Eine Person/Ein Tier/Ein Brief verrät das Geheimnis des Karpfens.
Die Edelsteine des Karpfens wurden vom Ufer des Teichs gestohlen.
Der Karpfen ist in Wirklichkeit ein Mensch/ein guter Zauberer.

2 *Mögliche Lösung:*
Figuren: die Königin, Zauberer, die böse Fee, als weitere Figur, die gute Forellenfee
magischer Gegenstand: magischer Ring, Schlüssel, Zauberstein, Zahl 3
1. Aufgabe/Problem: die böse Fee auf der Feeninsel finden, die den Karpfen verzaubert hat
Hilfe durch Gegenstand/Figur: magischer Ring verwandelt böse Fee in Kieselstein
2. Aufgabe/Problem: böse Fee ist weg, aber Karpfen bleibt stumm
Hilfe durch Gegenstand/Figur: Forellenfee verrät Geheimnis: Stein muss übers Wasser springen
Wie wird das Böse bestraft? böse Fee bleibt als Kieselstein im Wasser
Wie wird das Gute belohnt? Karpfen spricht wieder; kann Wassertropfen in Edelstein verwandeln

3 a *Mögliche Lösung:*

> Schnell ließ sich die Königin von ihrem Diener auf die Feeninsel hinüberrudern. Die gute Fee, die dort lebte, würde ihr sicher helfen können. Eilig lief die Königin zur Fee und sprach: „Liebe, gute Fee, zeige dich! Mein geliebter Karpfen ist verstummt, und ich weiß nicht, wie ich ihn zum Sprechen bringen kann." Die gute Fee erschien und sagte: „Ja, ich kann ich dir helfen. Gehe zu der Dornenhecke am hinteren Flussufer. Dort lebt die böse Fee. Aus Eifersucht auf dich hat sie deinen treuen Freund, den Karpfen, verstummen lassen. Er hütet nämlich ein Geheimnis, das er dir nun nicht mehr verraten kann. Nimm diesen Ring. Stell dich vor die Dornenhecke und drehe den Ring an deinem Ringfinger dreimal nach rechts und dreimal nach links. Durch diesen Zauber wird die böse Fee als Kieselstein vor deine Füße fallen." Und so geschah es. Am nächsten Tag lief die Königin erneut zur guten Fee und rief: „Liebe, gute Fee! Dank deiner Hilfe konnte ich die böse Fee in einen Kieselstein verwandeln. Doch mein lieber Karpfen kann noch immer nicht sprechen." Die gute Fee antwortete: „Ich werde dir auch dieses Mal helfen. Nimm den Kieselstein mit zum Schlossgraben. Wirf ihn so über das Wasser, dass er dreimal über die Wasseroberfläche hüpft, bevor er für immer auf den Grund des Grabens sinkt. Die Wellen, die entstehen, werden den Karpfen wieder zum Sprechen bringen." Und so geschah es.
> „Ach mein lieber Karpfen, mein treuer Freund", rief die Königin. „Ich bin so glücklich, wieder mit dir sprechen zu können." Als Dank verriet der Karpfen ihr sein Geheimnis. Er konnte nämlich Wassertropfen in Diamanten verwandeln. Von diesem Tag an mussten die Königin und ihr Volk niemals mehr Angst vor Armut haben. Und wenn sie nicht gestorben sind, dann leben sie noch heute.

Seite 34

Teste dich! – Ein Märchen fortsetzen

1 Kreuze an: Welche Merkmale sind typisch für Märchen?

[X] Figuren mit typischen Eigenschaften (weiser König, gute Fee …)   [ ] reale Geschichten

[X] Anfangs- und Schlussformel, Zaubersprüche, Reime   [X] nehmen ein gutes Ende

[ ] in Reimform geschrieben   [ ] Ort und Zeit sind bekannt

[ ] in moderner Sprache verfasst   [X] magische Zahlen

2 a + b *Die unpassenden genauen Angaben zu Zeit und Ort sind hier fett gedruckt und gestrichen. Mögliche Lösung:*
Der Junge und der Bär hatten ~~am 11. Juni 1673 um 16:15 Uhr~~ die ~~Sontheimer~~ Höhle durchquert. Da erblickte der Junge die Prinzessin. Sie war gefangen in einem Käfig.
„Lieber, starker Bär", ~~laberte~~ der Junge, „hilf mir, den Käfig zu öffnen." So geschah es.   bat
Die Prinzessin ~~lümmelte~~ auf einer großen Truhe. „~~Super~~, dass ihr kommt! Ich sitze schon   saß   Gut
~~total~~ lange hier", sprach sie. Neugierig wollten sie in die Truhe ~~glotzen~~, doch sie war mit   sehr   blicken
sieben goldenen Schlössern verriegelt.

3 A Selbst dem Bären gelang (gelingen) es nicht, die Schlösser zu öffnen. Da nahm (nehmen) der Junge die dritte Fischschuppe hervor. Schupp-di-wupp – lag (liegen) da statt der Schuppe ein Schlüssel. Damit schloss (schließen) der Junge die Truhe auf.
B In der Truhe funkelte (funkeln) und glitzerte (glitzern) es. Edelsteine leuchteten (leuchten) wie Sterne am Himmel. Der Bär schulterte die Schatzkiste und zu dritt kehrten (kehren) sie zurück zum Schloss. Dort feierten (feiern) sie Hochzeit und wenn sie nicht gestorben sind, dann leben sie noch heute.

Einen Sachtext lesen und verstehen

Vermutungen zum Textinhalt anstellen

1 **a** *Mögliche Lösung:*
Hunde in verschiedenen Ländern früher und heute; Helfer und Freund des Menschen

c die früheren Hunde

Den Text genau lesen: Den Inhalt verstehen

1 **a** *Mögliche Markierungen:*
Absatz 2: Im alten Rom, Doggen als Wachhunde, groß wie ein Kalb, riesiges Gebiss, Einbrecher überraschen und vertreiben, Kampfhunde im Krieg, Tierkämpfen
Absatz 3: Im Mittelalter, Jagdbegleiter, trieben, Hirsche und Wildschweine zusammen, Gemälden, Hunde damals aussahen
Absatz 4: In Grönland und Sibirien, Schlittenhunden, Lasten ziehen, Jagd
Absatz 5: Familienmitglieder, liebevoll umsorgt, keine Arbeiten

b Absatz 1 (▶ Z. 1–7): Vom Nutztier zum Haustier
Absatz 2 (▶ Z. 8–18): Wach- und Kampfhunde im alten Rom
Absatz 3 (▶ Z. 19–25): Jagdhunde im Mittelalter
Absatz 4 (▶ Z. 26–30): Schlittenhunde in Grönland und Sibirien
Absatz 5 (▶ Z. 31–34): Hunde als Familienmitglieder

2 **a, b**

	r	f	Abschnitt
Im alten Rom bewachten Hunde die Häuser und wurden in Kämpfen eingesetzt.	X		2
Familienhunde, wie wir sie heute kennen, gab es bereits vor über 2000 Jahren.		X	
In Grönland und Sibirien arbeiten Hunde traditionell als Blindenhunde.		X	
Im Mittelalter halfen Hunde bei der Jagd.	X		3
Heute sind viele Hunde Teil der Familie.	X		5

➕ **3** Zur Unterhaltung der Menschen hetzte man sie in grausamen Tierkämpfen aufeinander.

Große Rudel aus Jagdhunden trieben im Wald Hirsche und Wildschweine zusammen.

Maler bildeten die Fürsten auf Gemälden häufig zusammen mit ihren Jagdhunden ab.

In Grönland und Sibirien bildet man Hunde zu Schlittenhunden aus.

Dem Text Informationen entnehmen

1 **a** *Mögliche Lösung:*
Absatz 1: Wie unterscheiden sich die früheren Hunde von den heutigen Haustieren?
Absatz 2: Wofür wurden Hunde im alten Rom eingesetzt?
Absatz 3: Wodurch können wir etwas über Hunde im Mittelalter erfahren?
Absatz 4: Welche Aufgaben übernahmen Hunde in Grönland und Sibirien früher?
Absatz 5: Wie leben viele Hunde heute?

b Absatz 1: früher keine Familienhunde, mussten nützlich sein
Absatz 2: Wachhunde, Kampfhunde im Krieg oder in Tierkämpfen

Absatz 3: Abbildungen auf Gemälden
Absatz 4: Arbeit als Schlittenhund und Jagdhund
Absatz 5: liebevoll umsorgte Familienmitglieder, keine Arbeit

3 **a, b** *Mögliche Lösung:*
Bild 1 (der Familienhund): verschmust, friedlich, Familienmitglied, keine Arbeiten
Bild 2 (der Wachhund): groß, riesiges Gebiss, dunkles Fell, vertrieb Einbrecher
Bild 3 (Jagdhunde): in Rudeln, jagten Hirsche/Wildschweine, mit Fürsten abgebildet
Bild 4 (Schlittenhunde): bis heute in Grönland und Sibirien, ziehen Lasten, früher: Jagdhelfer

Seite 38

Einen Sachtext und ein Diagramm erschließen

1 **b** *Mögliche Lösung:*
A Sie dienten als Wachhunde und vertrieben Einbrecher. Außerdem arbeiteten sie als Kampfhunde im Krieg oder in Tierkämpfen.
B Da viele Fürsten sich auf Gemälden mit ihren Jagdhunden abbilden ließen, wissen wir heute, wie die Hunde damals aussahen.
C Schlittenhunde mussten schon immer Lasten ziehen. Nur früher halfen sie auch noch bei der Jagd.

2

> Anders als viele Hunde heute mussten Hunde früher nützlich sein und Aufgaben für die Menschen übernehmen.
> Im alten Rom wurden sie beispielsweise als Wachhunde, Kampfhunde im Krieg oder in Tierkämpfen eingesetzt.
> Aus Abbildungen auf alten Gemälden können wir erfahren, welche Aufgaben Jagdhunde im Mittelalter hatten und wie sie damals aussahen. Auch in Grönland und Sibirien halfen Hunde bei der Jagd. Wie heute dienten sie dort auch schon früher als Schlittenhunde zum Transport von Menschen oder Lasten. Abbildungen auf Gemälden. Heute sind viele Hunde geliebte und gut gepflegte Familienmitglieder ohne besondere Aufgaben.

3 **a** In dem Diagramm geht es um die Bedeutung von Haustieren für ihre Besitzer.
b *Richtige Aussagen:*
Das Diagramm gibt Auskunft darüber, welche Einstellung **Haustierbesitzer** zu ihrem **Haustier** haben.
Befragt wurden insgesamt **100 Personen.**

4 Für die meisten Tierbesitzer ist das Haustier ein wichtiges Familienmitglied. **(r)**
Nur 15 von 100 Befragten haben das Gefühl, dass ihr Tier sie wirklich versteht. **(f)**
Für 33 der befragten Tierbesitzer ist das Haustier das Wichtigste im Leben. **(r)**

5 **a** Zum Textabsatz 5 passt am besten die gelbe Säule („Mein Haustier ist ein wichtiges Familienmitglied").
b *So könntest du deine Textzusammenfassung aus Aufgabe 2 ergänzt haben*: Dafür spricht auch, dass von 100 befragten Tierbesitzern 33 angeben, dass ihr Tier für sie der wichtigste Lebensinhalt sei.

➕ **6** *Mögliche Lösung:*
Viele Menschen halten sich heute einen Hund, um nicht allein zu sein oder um sich beim Gassigehen täglich an der frischen Luft zu bewegen. Das Tier ist für diese Menschen wie ein Freund oder Begleiter im Alltag und wird nicht mehr als Arbeitstier eingesetzt.

Seite 39

Teste dich! – Einen Sachtext lesen und verstehen

1 *Richtig ist:* Hunde, die Menschen helfen

2 Bewältigung – das Zurechtkommen, betätigen – bedienen, chronisch – lange dauernd

3 Pausen sind wichtig – Abschnitt 4
Ausbildung zum Assistenzhund – Abschnitt 1
Krankheit erschnüffeln – Abschnitt 3
Hilfe bei körperlichen Einschränkungen – Abschnitt 2

Grammatik

Seite 40

Was kannst du schon? – Grammatik

1 A Menschen – Nomen (N) B er – Textpronomen (Tp) C die – Artikel (Art)
D hohe – Adjektiv (Adj) E von – Präposition (Präp)

2 Die Sätze sind **Aussagesätze**.

3 **a, b** Betax ist ein Schwesterplanet <u>der Erde</u>. Hier haben **die Schulkinder** <u>das Fach</u> „Weltraumkunde".
Sie lernen **die Planeten** kennen und setzen sich mit <u>den Besonderheiten</u> **des Alls** auseinander. <u>Roboter</u> bringen
den Kindern Sprechen bei.

4 *Die fehlenden Formen lauten:*
A Er lernte. B Sie lacht. C Wir haben gesprochen.

5 Der Planet Betax = Subjekt
bietet = Prädikat
den Menschen = Dativobjekt
einen neuen Lebensraum = Akkusativobjekt

Wortarten und Wortgruppen unterscheiden

Seite 41

Das Nomen

1 a, b <u>Der</u> Planet – <u>Seine</u> Oberfläche – <u>Das</u> Raumschiff – <u>die</u> Luft – <u>seinem</u> Rüssel – (ein) Ball – (ein) Loch – <u>die</u> Schale
– (ein) Kabel

2 **a** VOGEL|HUNGER|SCHIRM|RAD|GLÜCK|KIND|FRAGE|LAMPE|TANTE

b	Lebewesen	Gegenstand	Gefühl/Gedanke/Zustand
der	der Vogel	der Schirm	der Hunger
die	die Tante	die Lampe	die Frage
das	das Kind	das Rad	das Glück

Seite 42

3 Plastiktüten – Plastiktüte, Handys – Handy, Fahrrad – Fahrräder , Pflanzen – Pflanze

4
der Zopf – die Zöpfe	die Tatze – die Tatzen	das Schild – die Schilder
der Kopf – die Köpfe	die Katze – die Katzen	das Bild – die Bilder
der Gruß – die Grüße	die Tasche– die Taschen	das Rind – die Rinder
der Fuß – die Füße	die Flasche – die Flaschen	das Kind – die Kinder
der Wein – die Weine	die Rose – die Rosen	das Tuch – die Tücher
der Stein – die Steine	die Hose – die Hosen	das Buch – die Bücher

5 **a, b** der Gurkensalat, der Gemüsespieß, das Tomatenketchup, das Olivenbrot

Seite 43

6 **a** Die Besonderheit **des Flugautos**: Der Volarius fährt per Sprachsteuerung.
Sein Dach lässt sich per Befehl in Sekunden öffnen.
Space-Café oder Solartankstelle gesucht? Fragen Sie **den Bordcomputer**!
Zur Landung nennen Sie **dem Bordcomputer** einfach den gewünschten Ankunftsort.

7 **a, b** Nur ausgebildete Piloten dürfen **einen Expressflieger** fliegen. – Akkusativ
Solartechnik ermöglicht es **einem Expressflieger,** sehr schnell zu fliegen. – Dativ
Ein Expressflieger kann 200 Personen transportieren. – Nominativ
Die Außenschicht **eines Expressfliegers** besteht aus einem Schutzmaterial. – Genitiv

+ **8** **a** Wessen Besonderheit? – des Flugautos → Genitiv
Wer oder was? Das Dach → Nominativ
Wen oder was? – den Bordcomputer → Akkusativ
Wem? – dem Bordcomputer → Dativ

Seite 44

Nomen – Pluralbildung und Kasusbestimmung

1 **a, c** der Planet, die Schule, das Heft, die Maschine, das Hotel
die Planeten, die Schulen, die Hefte, die Maschinen, die Hotels

2 **a, c** ***-en/-n*** die Erfindungen – die Erfindung, die Gedanken – der Gedanke, die Fähigkeiten – die Fähigkeit,
die Personen – die Person
-e die Gespräche – das Gespräch, die Fahrzeuge – das Fahrzeug, die Orte – der Ort
-s die Flugautos – das Flugauto, die Staus – der Stau, die Taxis – das Taxi, die Parks – der Park

3 A Wessen? Genitiv (A)
B Wen oder was? Akkusativ (P)
C Wer oder was? Nominativ (P)
Lösung: Eine **App** auf Unamo spricht alle Sprachen.

Seite 45

Das Adjektiv

1 a

W	G	I	G	U	S	C	H	N	E	L	L
B	E	Q	U	E	M	C	H	Ö	N	I	W
B	Q	R	I	E	S	I	G	U	F	F	E
U	U	O	W	E	I	C	H	A	A	L	I
M	O	D	E	R	N	S	B	L	I	A	U
E	R	S	T	A	U	N	L	I	C	H	P
D	U	R	C	H	S	I	C	H	T	I	G
P	L	U	P	R	Ä	C	H	T	I	G	Z

b schnell, bequem, riesig, weich, modern, erstaunlich, durchsichtig, prächtig

2 Ein Raumschiff auf Unamo ist <u>riesig</u>. Seine äußere Schicht ist <u>durchsichtig</u>, denn sie besteht aus einer Art Glas. Mit Hilfe von Turbinen kann das Fahrzeug <u>schnell</u> fliegen. Die Sitze im Inneren sind <u>bequem</u> und <u>weich</u>.

3 b *Mögliche Lösung:*
die Oberfläche: <u>glatt + glänzend</u>
die Kuppel: <u>gläsern + oval</u>
die Turbinenöffnungen: <u>rund + blau</u>
die Antenne: <u>gebogen + lang</u>

Seite 46

4 **mit bestimmtem Artikel** *(der/die/das)*

Nominativ	der schlau**e** Roboter	die rund**e** Garage	das modern**e** Raumschiff
Genitiv	des schlau**en** Roboters	der rund**en** Garage	des modern**en** Raumschiffes
Dativ	dem schlau**en** Roboter	der rund**en** Garage	dem modern**en** Raumschiff
Akkusativ	den schlau**en** Roboter	die rund**e** Garage	das modern**e** Raumschiff

mit unbestimmtem Artikel *(ein/eine/ein)*

Nominativ	ein schlau**er** Roboter	eine rund**e** Garage	ein modern**es** Raumschiff
Genitiv	eines schlau**en** Roboters	einer rund**en** Garage	eines modern**en** Raumschiffes
Dativ	einem schlau**en** Roboter	einer rund**en** Garage	einem modern**en** Raumschiff
Akkusativ	einen schlau**er** Roboter	eine rund**e** Garage	ein modern**es** Raumschiff

5 a Auf <u>dem fern**en** Planeten</u> Unamo hält man keine Haustiere. Die Tiere leben alle in <u>der frei**en** Natur</u>.
<u>Die grün**e** Katze</u> fühlt sich auf <u>dem gelb**en** Baum</u> am wohlsten, <u>der blau**e** Hund</u> tobt über <u>die riesig**e** Wiese</u>.
b Eine grüne Katze fühlt sich auf einem gelben Baum am wohlsten, ein blauer Hund tobt über eine riesige Wiese.
c Die grünen Katzen fühlen sich auf den gelben Bäumen am wohlsten, die blauen Hunde toben über die riesigen Wiesen

Seite 47

Die Nominalgruppe

1 a, c Das Museum zeigt nicht nur die urzeitliche Tierwelt, sondern auch die prähistorische Pflanzenwelt.
Die echten Fossilien begeistern die außerirdischen Freunde, sie bestaunen aber auch die lebensechten Nachbildungen.
Der Höhepunkt ist ein versteinerter Schädel.

2 **a** Heute erkunden <u>die Freunde</u> <u>ein beliebtes Mineralbad</u>. Zuerst nutzen sie <u>die orangen Liegestühle</u>, doch das wird ihnen bald langweilig. Da wendet <u>ein Besucher</u> <u>seinen Blick</u> <u>der glitzernden Wasseroberfläche</u> zu und läuft hin. Doch <u>der Kerl</u> bleibt dort nicht stehen, sondern macht <u>einen großen Schritt</u>. Erstaunt quiekt er, als er untergeht. Schnell ist <u>ein weiterer Außerirdischer</u> da und rettet <u>seinen erschrockenen Freund</u>.

b

Artikelwort + Nomen	Artikelwort + Adjektiv + Nomen
die Freunde	ein beliebtes Mineralbad
ein Besucher	die orangen Liegestühle
seinen Blick	der glitzernden Wasseroberfläche
der Kerl	einen großen Schritt

c die beiden Freunde, ein außerirdischer Besucher, seinen neugierigen Blick, der arme Kerl

---

Seite 48

Die Form der Nominalgruppe

1 **a** ein altes Schloss, eine gelbe Zahnradbahn, ein botanischer Garten, die vielen Treppenstufen

b Wenig später transportiert <u>eine gelbe Zahnradbahn</u> die Besucher vom Planeten Unamo steil bergauf nach Degerloch, weil <u>die vielen Treppenstufen</u> ihnen zu anstrengend waren. Doch es gibt noch mehr zu sehen: <u>Ein altes Schloss</u> und <u>ein botanischer Garten</u> wollen entdeckt werden.

2 Die neugierigen Außerirdischen betrachten <u>die moderne Stadtbibliothek</u>.
Langweilig finden sie <u>den grauen Beton</u>, den man außen sieht.
Innen dagegen gibt es fast nur <u>eine einzige Farbe: Weiß</u>.
<u>Durch die weißen Treppen</u>, <u>die weißen Regale</u> und <u>den weißen Boden</u> kommen <u>die bunten Bücher</u> toll zur Geltung.
Das gefällt <u>dem außerirdischen Besuch</u>.

3 **a + b** eines berühmten Dichters – Maskulinum Singular Genitiv
ein modernes Museum – Neutrum Singular Nominativ oder Akkusativ
die verfallenen Häuser – Neutrum Singular Nominativ oder Akkusativ
eine weite Aussicht – Femininum Singular Nominativ oder Akkusativ

---

Seite 49

Das Textpronomen

1 **a + b**
Auf Unamo gibt es auch <u>einen Fastnachtsumzug</u>. **Er** ist für die Kinder der Höhepunkt des Jahres.

<u>Viele Kinder</u> treffen sich, bevor **sie** dann als Gruppe zum Umzug gehen.

Auch <u>die Flugautos</u> werden verkleidet, manche Besitzer schrauben **ihnen** Räder an.

2 **a + b**
<u>Ein faschingsbegeisterter Bewohner</u> wollte sogar die freilebenden Tiere verkleiden oder bemalen.

Doch <u>die anderen Unamer</u> haben **ihm** das ausgeredet. **Sie** meinten, das sei Tierquälerei. Zuerst war **er** beleidigt,

aber dann konnten **sie** **ihn** überzeugen.

3 Person A trägt <u>ein Einhornkostüm</u>. Person B gefällt **es** gut.
Person B trägt **einen Hut**. Leider ist **er** ihr zu groß.
Person C trägt **eine Maske**. Person A hat **sie** einmal von der Erde mitgebracht.

Seite 50

Die Präposition

1 Auf Unamo ist man **gegen** die Haltung von Haustieren.
Doch in Parks gibt es **für** Tierfreunde viel zu sehen:
Blaue Hunde dürfen dort **ohne** Leine toben.
Gelbe Vögel fliegen rückwärts **durch** die Luft.
Es gibt auch lila Schnecken **mit** zwei Häusern!
Die Tiere werden **von** Tierwärtern gut versorgt.

2 **a, b** *Präpositionalgruppe mit **Akkusativ:***
für den Alltag, ohne Computersteuerung, durch die Luft
*Präpositionalgruppe mit **Dativ:***
bei den Bewohnern, auf der Straße, mit Flugautos, bei schlechtem Wetter, von der Haustür

3 Eine Erfindung auf <u>dem Planeten</u> Unamo ist für <u>die Kinder</u> besonders lustig: Man kann mit <u>einem Hüpfsessel</u> höher als zwei Meter hüpfen. Die Nutzung ist aber nicht ohne <u>einen Helm</u> erlaubt.

Seite 51

Wechselpräpositionen

1 **a** A Eine der besten Erfindungen sind Aufräumhilfen, die <u>an jedem Gegenstand</u> befestigt sind. Das sind winzige Drohnen, die <u>an den Sachen</u> montiert sind. Auf Unamo bewahrt man Dinge nicht <u>in einem eckigen Schrank</u> auf, sondern lagert sie <u>in einer elastischen Blase</u>. Zerbrechliche Dinge sind <u>zwischen den weichen Gebilden</u> gut geschützt.
B Weil das Äußere durchsichtig ist, kann man immer gleich <u>in die richtige Blase</u> greifen. Auch die Drohnen fliegen die Sachen immer <u>an die richtige Stelle</u>. Nur wenige Dinge muss man selbst <u>an ihren Platz</u> räumen.
b In Abschnitt A frage ich *Wo?*: Die Wortgruppe steht im <u>Dativ</u>.
In Abschnitt B frage ich *Wohin?*: Die Wortgruppe steht im <u>Akkusativ</u>.

2 **a + b**

Die Kinder drängen in <u>die Umkleide</u>.	Wohin? → Akkusativ
Beim Basketball treffen alle <u>in den Korb</u>.	Wohin? → Akkusativ
Später klettern sie an <u>der Sprossenwand</u>.	Wo? → Dativ
Dann wollen sie sich <u>an den Ringen</u> schwingen und <u>auf den Matten</u> turnen.	Wo? → Dativ
Zum Abschluss treffen sich alle <u>auf dem Sportplatz</u>.	Wo? → Dativ

Seite 52

Teste dich! – Wortarten und Wortgruppen

1 **a** **Nomen:** Wissenschaftlerin (1 Punkt) – Computer (1 Punkt) – Erfindung (1 Punkt) – Programme (1 Punkt)
Artikel: die (1 Punkt) – ein (1 Punkt)
Adjektiv: kluge (1 Punkt) – schneller (1 Punkt) – neuer (1 Punkt)
b Die Wörter „sie" und „ich" bleiben übrig. (je 1 Punkt)
Es sind **Personalpronomen.** (1 Punkt)

2 Auf der Erde isst man an heiß**en** Tagen gern ein kalt**es** Eis. Die Bewohner Unamos essen bei warm**em** Wetter lieber eine frisch**e**, blau**e** Frucht oder eine salzig**e** Sahnetorte. (für jede richtige Endung 1 Punkt)

3 die Wolke, der Tag, das Raumschiff, das Kind (für jede richtige Form 1 Punkt)

4 **a** Der Winter auf Unamo ist sehr mild. Man kann mit ~~die~~/der Familie zu ~~ein~~/einem Fluss fahren. Für die/~~den~~ Kinder ist ein Winter ohne den/~~dem~~ Badespaß in dem/~~den~~ rosa Wasser nicht vorstellbar. (für jede richtige Form 1 Punkt)

b Bei (schlechtem Wetter) kann man ohne einen Ausflug mit (seinen Freunden) Spaß haben. Man kann sich per Video zu (einer virtuellen Sporthalle) beamen lassen oder von (einem Computer) vorgelesen bekommen. (für jede richtige Form 1 Punkt)

5 Die Fünftklässler aus Zell werden auf den Planeten Unamo reisen. **Sie** sind voller Vorfreude. Ein Computer bereitet **sie** auf die Reise vor und erklärt **ihnen** alles.

Das Tempus des Verbs

Seite 53

Das Präsens

1

> **Mit dem Raumschiff zur Schule**
>
> Montagmorgen: (Ich) **stehe** verschlafen im Aufzug und sause in den 375. Stock unseres Hochhauses. Auf dem Dach **klettere** (ich) in mein Miniraumschiff und **jage** kurze Zeit später mit Laserantrieb durch die Häuserschluchten unserer Stadt. Als (ich) in den Himmel **schaue, höre** (ich) plötzlich ein lautes Dröhnen: (Zwei Riesenraumschiffe) **starten** mit ohrenbetäubendem Lärm. (Ich) **warte** kurz. Dann **schalte** (ich) auf „Turboantrieb" und **flitze** in Richtung Schule. In der Ferne **leuchtet** schon (das Einflugtor meiner Schule)...

2 *Mögliche Lösung:*
Ein Miniraumschiff <u>steht</u> im Stau. Zwei Roboter <u>arbeiten</u> in einem Dachgarten. Drei Sonnen <u>scheinen</u> am Himmel. Eine Raumkapsel <u>landet</u> auf einem Flughafen.

Seite 54

Das Perfekt

1 **a** Wie <u>seid</u> ihr auf dem Planeten Cetrix <u>gelandet</u>?
Was <u>habt</u> ihr auf Cetrix <u>gemacht</u>?
Was <u>hat</u> dich am meisten <u>beeindruckt</u>?
b, c Wir <u>sind</u> mit Fluggleitern <u>gekommen</u>.
Wir <u>haben</u> galaktische Höhlen <u>gesehen</u>.
Wir <u>haben</u> Planetenedelsteine <u>gefunden</u>.
Wir <u>haben</u> Weltraumsalat <u>gegessen</u>.

2 Am Morgen <u>sind</u> wir mit den Fluggleitern <u>aufgebrochen</u>. Wir <u>haben</u> einen Ausflug in die Galaxwüste <u>gemacht</u>.
Dort <u>haben</u> wir Sternensand <u>gesammelt</u>.
Am Nachmittag <u>haben</u> wir Allball <u>gespielt</u>.
Wir <u>sind</u> über die Neonberge <u>geflogen</u> und <u>haben</u> im Klassenraumschiff <u>geschlafen</u>.

Seite 55

Das Präteritum bei schwachen Verben

1

Die unheimlichen Raketenraupen – Teil 1

Eine meiner vielen Forschungsreisen führte mich auf den Planeten Cetrix. Schon damals machten die Bewohner von Betax in ihrer Freizeit Ausflüge auf den Planeten. Sie erfreuten sich an der schönen Landschaft mit Bergen und Seen. Cetrix wirkte wie ein normaler Urlaubsplanet, als ich ihn im Jahr 2127 mit meinem Raumschiff erreichte. Mit meiner Ausrüstung marschierte ich in den Manganwald, um dort Bodenproben zu entnehmen. Plötzlich hörte ich lautes Geschrei. Das Unterholz knackte und eine Gruppe aufgeregter Wanderer raste in Richtung Tal. Ich blickte in angsterfüllte Gesichter. „Raketenraupen!", brüllte einer von ihnen voller Panik und sauste weiter. Dann …

Seite 56

Das Präteritum bei starken Verben

1 a, b, c

Die unheimlichen Raketenraupen – Teil 2

Da stand ich plötzlich vollkommen allein unter den Bäumen. Gab es hier tatsächlich Raketenraupen? Die letzten dieser Tiere verschwanden bereits vor über 2000 Jahren aus unserer Galaxie. Man hielt diesen Planeten für sicher. Bis auf ein paar harmlose Kleinsaurier befanden sich hier keine Lebewesen …

stehen
geben
verschwinden
halten
befinden

d Ein lautes Brüllen brachte mich zurück in die Wirklichkeit. Zwei riesige Raketenraupen kamen in atemberaubendem Tempo näher. In ihren weit geöffneten Mäulern sah ich unzählige messerscharfe Zähne. „Wartet auf mich!", rief ich voller Panik, aber die Wanderer verschwanden schon in der Ferne. Ich warf meine Ausrüstung auf den Boden und rannte um mein Leben. Endlich stand ich vor meinem geparkten Raumschiff …

Seite 57

Training: Das Präteritum bei schwachen Verben

1 a, b

ich	wohn**te**	mach**te**	sag**te**
du	wohn**test**	mach**test**	sag**test**
er, sie, es	wohn**te**	mach**te**	sag**te**
wir	wohn**ten**	mach**ten**	sag**ten**
ihr	wohn**tet**	mach**tet**	sag**tet**
sie	wohn**ten**	mach**ten**	sag**ten**

2 a, b Tam machte eine Klassenfahrt ins Weltall.
Tam und die anderen Kinder besuchten den Planeten Cetrix.
Sie lernten viel Neues über ihren Nachbarplaneten.

3 Nach dem Frühstück erkundete ich mit Livi die Gegend. Wir entdeckten eine grünlich leuchtende Höhle und überlegten, ob wir hineingehen sollten. Livi erforschte den Eingang, aber ich überredete sie zurückzukehren. Denn vielleicht lebten dort gefährliche Raketenraupen!

Seite 58

Training: Das Präteritum bei starken Verben

1 **a, b** begann – beginnen, schlief – schlafen, trat – treten, griff – greifen, hielt – halten, half – helfen, blieb – bleiben, übernahm – übernehmen, rief – rufen, vergaß – vergessen, schloss – schließen, traf – treffen, schwamm – schwimmen, schnitt – schneiden, sprach – sprechen

2 **a, b**
Am letzten Tag der Klassenfahrt ~~treten~~ *traten* fünf Teams beim Wettfliegen gegeneinander an. Im Fluggleiter ~~fliegt~~ *flog* jedes Team fünf Runden um das Raumschiff. Zunächst ~~geht~~ *ging* Team „Andromeda" in Führung. Überraschend ~~gewinnt~~ *gewann* Team „Kosmos" das Wettfliegen. Die Sieger ~~erhalten~~ *erhielten* einen Pokal.

3 *Mögliche Lösung:*
Am letzten Tag der Klassenfahrt fand ein Wettfliegen statt.
Fünf Teams traten in Fluggleitern gegeneinander an.
Team „Kosmos" flog am schnellsten und gewann einen Pokal.

Seite 59

Teste dich! – Tempus des Verbs

1 **a, b** <u>Starke</u> Verben im Präsens und Präteritum:
ich lese – ich las, du sprichst – du sprachst, er nimmt – er nahm
ihr seht – ihr saht, wir gehen – wir gingen, sie treten – sie traten
<u>Schwache</u> Verben im Präsens und Präteritum:
ich brauche – ich brauchte, du fragst – du fragtest, sie wohnt – sie wohnte
wir lachen – wir lachten, ihr erzählt – ihr erzähltet, sie stellen – sie stellten

2 **a, b**

	Präsens	Präteritum	Perfekt
du tanzt – ihr feiert – ich esse – wir (sprechen) *sprachen* – sie bezahlen – ihr lest …	X		
ich fiel – wir gingen – du (hast begonnen) *begannst* – er sprach – sie sangen …		X	
ihr seid geflogen – du hast gegessen – wir (sind) *sind gewesen* – ich habe verloren …			X

3 **a, b** Präsens = ____ Präteritum = ____ Perfekt = _____
Als Tam gestern von der Klassenfahrt nach Hause <u>kam</u>, <u>fragte</u> seine Mutter: „Hat es dir Spaß <u>gemacht</u>?" Tam <u>nickte</u> und <u>dachte</u> an die lustigen Erlebnisse auf dem Planeten Cetrix. Aber heute <u>freut</u> er sich, wieder zu Hause auf Betax zu sein!

Feldermodell und Satzarten

Seite 60

Sätze mit dem Feldermodell strukturieren

1 **a + b**
Tierische Astronauten <u>kommen</u> immer wieder in der Geschichte der Weltraumfahrt <u>vor</u>.
Auch Affen <u>flogen</u> in die Weiten des Weltalls <u>hinaus</u>.
1960 <u>fand</u> ein Flug mit Hunden <u>statt</u>.

2 a + b

Vorfeld	linke VK	Mittelfeld	rechte VK
A Zwei Hündinnen	haben	damals die Erde	umkreist.
B Belka und Strelka	haben	es	geschafft.
C Sie	kehrten	heil zur Erde	zurück.
D Die Menschen	haben		gejubelt.
E Später	bekam	Belka sechs Welpen.	

Seite 61

Satzarten unterscheiden

1 a, b _____ = Aussagesätze, _____ = Fragesätze, _____ = Aufforderungssätze

Schau, ein Komet am Himmel!

Gib mir mal das Fernglas!

Wie **bewegen** sich Kometen?

Kometen **umkreisen** die Sonne einmal und **entfernen** ich dann für immer von ihr.

Warum **nennt** man Kometen „schmutzige Schneebälle"?

Sie **sind** eine lose Mischung aus Eis, Staub und lockerem Gestein.

Hast du den Kometen **gesehen**?

2

> Woher kommen Kometen?
>
> Habt ihr schon mal einen Kometen am Nachthimmel gesehen? Pro Jahr werden nur etwa 20 Kometen entdeckt. Doch woher kommen sie? Kometen stammen vermutlich aus den äußeren, kalten Bereichen unseres Sonnensystems. Heiße Gase erstarrten dort zu Gesteinsklumpen, die sich in einer Ansammlung von Eis und Staub wie „schmutzige Schneebälle" ins Innere unseres Sonnensystems bewegen. Wie groß sind Kometen eigentlich? Die kleinsten sind „nur" einige hundert Meter lang, andere bis zu 100 Kilometer. Was für ein beeindruckender Himmelskörper!

Satzglieder erkennen

Seite 62

Den Vorfeldtest anwenden

1 a Schon vor 2000 Jahren beobachteten die Menschen mit großem Interesse Kometen am Himmel.

b Mit großem Interesse beobachteten die Menschen schon vor 2000 Jahren Kometen am Himmel.

2 a, b Für unsere Vorfahren bedeutete das Erscheinen eines Kometen Unheil und Gefahr. Für sie waren die leuchtenden Himmelskörper Unglücksboten. Für die heutigen Menschen sind die seltenen Lichterscheinungen ein schönes Ereignis.

c *Mögliche Lösung:*

Das Erscheinen eines Kometen bedeutete Unheil und Gefahr für unsere Vorfahren. Die leuchtenden Himmelskörper waren für sie Unglücksboten. Ein schönes Ereignis sind die seltenen Lichterscheinungen für die heutigen Menschen. Viele Leute erwarten mit Freude die Ankunft eines neuen Kometen.

Seite 63

Das Prädikat

1 a Bild 1: Die Astronomen <u>entdecken</u> einen Kometen.
Bild 2: Der Astronom <u>fotografiert</u> einen Kometen.
Bild 3: Der Astronom <u>beschreibt</u> einen Kometen.
b, c Einen Kometen (entdecken) die Astronomen.
Einen Kometen (fotografiert) der Astronom.
Einen Kometen (beschreibt) der Astronom.

Seite 64

Die Verbklammer

1 a, b Der Halleysche Komet <u>taucht</u> alle 76 Jahre am Himmel <u>auf</u>.

2 a, b Alle 76 Jahre <u>taucht</u> der Halleysche Komet am Himmel <u>auf</u>.

3 a 1 Der englische Forscher Edmond Halley (1656–1742) <u>trug</u> das Wissen über einen besonderen Kometen <u>zusammen</u>.

2 Dieser <u>war</u> in den Jahren 1531, 1607 und 1682 am Himmel <u>erschienen</u>.

3 Also <u>müsste</u> man den Kometen etwa alle 76 Jahre erneut <u>sehen</u>.

4 Tatsächlich <u>kam</u> der Komet <u>wieder</u>.   5 Er <u>wurde</u> nach seinem Entdecker „Halleyscher Komet" <u>genannt</u>.

b Tatsächlich <u>kam</u> der Komet **im Jahr 1758** <u>wieder</u>.

4 Im Jahr 1910 <u>löste</u> das Wiederauftauchen des Halleyschen Kometen eine weltweite Massenpanik <u>aus</u>.

Seite 65

Das Subjekt

1 a <u>Ein Notizbuch</u> steht in der Mitte des Raumes. Neugierig gucken sich <u>die Fotos</u> um. <u>Das Dach</u> spricht mit zwei Kindern. <u>Einige Besucher</u> hängen an den Wänden. Auf der Bank liegt <u>ein Forscher</u>. <u>Ein Fernrohr</u> ist weit geöffnet.
b, c <u>Ein Fernrohr</u> steht in der Mitte des Raumes. Neugierig gucken sich <u>einige Besucher</u> um. <u>Ein Forscher</u> spricht mit zwei Kindern. <u>Die Fotos</u> hängen an den Wänden. Auf der Bank liegt <u>ein Notizbuch</u>. <u>Das Dach</u> ist weit geöffnet.

2 a Wer oder was entdeckte unzählige Sternschnuppen am Himmel?
b In einer wolkenlosen Nacht entdeckte <u>sie</u> mit Hilfe eines Fernrohrs unzählige Sternschnuppen am Himmel.
c <u>Sie</u> entdeckte in einer wolkenlosen Nacht mit Hilfe eines Fernrohrs unzählige Sternschnuppen am Himmel.

Seite 66

Das Akkusativobjekt

1 In einer wolkenlosen Nacht sehen wir am Himmel <u>viele Sterne</u>. (Wen oder was sehen wir?)
Schon früher betrachteten die Menschen <u>den Sternenhimmel</u>. (Wen oder was betrachteten sie?)
Die ersten Sternenforscher benutzten <u>lange Fernrohre</u>. (Wen oder was benutzten sie?)
Am Anfang zählten sie <u>die Sterne</u> nur. (Wen oder was zählten sie?)
Dann bestimmten sie <u>ihren Platz</u>. (Wen oder was bestimmten sie?)
Sterne haben scheinbar <u>eine winzige Größe</u>. (Wen oder was haben sie?)
In Wirklichkeit besitzen sie <u>einen riesigen Umfang</u>. (Wen oder was besitzen sie?)

2 Heute nutzen die Forscher <u>moderne Sternwarten</u>. Dies sind große Gebäude, in denen man <u>das Dach</u> öffnen kann. Mit Hilfe von Teleskopen beobachten die Forscher <u>den Himmel</u>. Durch riesige Kameras fotografieren sie <u>einzelne Sterne</u>. Meist errichtet man <u>die Sternwarten</u> auf Bergen. Denn von dort aus sieht man <u>den Nachthimmel</u> besonders gut.

3 *Verben mit Akkusativ:*

sehen, betrachten, benutzen, zählen, bestimmen, haben, besitzen, nutzen, öffnen, beobachten, fotografieren, errichten

Seite 67

Das Dativobjekt

1 Mit Hilfe eines Fernrohrs gelingt es <u>dem Mädchen</u>, die Sterne der Milchstraße zu erkennen.
Ein breites, helles Band fällt <u>den beiden Kindern</u> auf.
Das Lichterband ähnelt <u>einem silbernen Nebel</u>.

2 a

> **Die Milchstraße**
>
> Alle Sterne, die <u>der Milchstraße</u> angehören, ähneln einem spiralförmigen Rad. *(Wem gehören die Sterne an?)* Die alten Griechen gaben <u>diesem hellen Lichterband</u> den Namen „Milchstraße" und erklärten sein Aussehen so *(Wem gaben die alten Griechen den Namen „Milchstraße"?)*: <u>Dem Halbgott Herkules</u> ist scheinbar die Milch heruntergefallen! *(Wem ist die Milch heruntergefallen?)* Denn das Leuchten am Nachthimmel gleicht <u>verschütteter Milch</u>. *(Wem gleicht das Leuchten am Nachthimmel?)*

b Die Milchstraße erscheint <u>den Menschen</u> wie eine große Sterneninsel, die im Weltraum schwebt. Dass auch unsere Sonne mit ihren Planeten nur ein winziger Teil der Milchstraße ist, ist <u>den Erdbewohnern</u> oft nicht bewusst.

3 a, b *Mögliche Lösung:*

‾‾‾ = Dativobjekt   ～～ = Akkusativobjekt
Er beschreibt <u>den Kindern</u> <u>die Milchstraße</u>.
Milan gibt <u>seiner Klassenkameradin</u> <u>einen Stift</u>.
Die Großeltern schenken <u>ihrem Enkelkind</u> <u>ein Buch</u>.
Die Lehrerin zeigt <u>ihren Schülerinnen und Schülern</u> <u>ein Planetenmodell</u>.
Ich erzähle <u>meinen Freunden</u> <u>eine Geschichte</u>.
Anna bringt <u>ihrer Freundin</u> <u>ein Fernrohr</u>.

Seite 68

Akkusativobjekt und Dativobjekt unterscheiden

1 Bild 1: Die Schülerin beschreibt das Sternbild.
Bild 2: Die Schülerin beschreibt der Klasse das Sternbild.
Bild 3: Die Schülerin zeigt einen besonderen Stern.
Bild 4. Die Schülerin zeigt der Klasse einen besonderen Stern.

2
> Wen oder was?
> **Sterne zeigen den Weg**
> Wen oder was?   Wem?
> Wie finden Raumsonden im Weltall ihren Weg? Feine Fühler helfen den Flugkörpern, sich im All
> Wem?
> zurechtzufinden. Die Position der Sterne zeigt dem Bordcomputer, wo er sich befindet. Daraus errechnet er
> Wen oder was?
> die genaue Flugrichtung.

Seite 69

Texte überarbeiten – Proben anwenden

1 a, b

> **Ein moderner Weltraumheld: Alexander Gerst**
>
> 2014 flog der deutsche Astronaut Alexander Gerst das erste Mal zur Internationalen Raumstation (ISS).
>   Er
> ~~Der Astronaut~~ wurde von seinen Kollegen Maxim Surajew (Russland) und Reid Wiseman (USA) begleitet. Mit
>   ihnen
> ~~seinen Kollegen~~ verbrachte Alexander Gerst insgesamt 166 Tage im All. Die drei Astronauten starteten vom
>   sie
> Weltraumbahnhof Baikonur in Kasachstan. Nach etwa 2500 Erdumrundungen kehrten ~~die drei Astronauten~~
>
> wohlbehalten zurück. Die drei Astronauten waren schon im Weltraum Medienstars geworden.

2 a, b

>   anstrengendes/ausgiebiges
> Auf der ISS hatte Alexander Gerst ein hartes Tagesprogramm. Jeden Morgen hatte er ein ~~hartes~~ Fitness-
>   bearbeitete   besaß
> training. Anschließend ~~hatte~~ der Astronaut zahlreiche Forschungsaufgaben. An Bord ~~hatte~~ er auch eine
>   umfangreiche
> Kamera, mit der er ~~zahlreiche~~ Aufnahmen an die Erde schickte.

Seite 70

3 a Der ~~auf der ganzen Welt bekannte~~ russische Kosmonaut Juri Gagarin wurde ~~als erster Mensch im Weltraum~~ 1961 weltweit berühmt, da er als erster Mensch ins All flog.
  b Der russische Kosmonaut Juri Gagarin wurde berühmt, da er als erster Mensch ins All flog.

> c   **Der erste Mensch im Weltraum: Juri Gagarin**
>
> Auf dem Weltraumbahnhof Baikonur in Kasachstan~~, der in Kasachstan liegt und vielleicht nicht allen bekannt ist,~~ startete das 4725 Kilo schwere Raumschiff Wostok, was ~~aus dem Russischen in die deutsche Sprache~~ über-
> setzt „Osten" bedeutet. Juri Gagarin umkreiste die Erde und befand sich ~~während er die Erde umrundete,~~ 70
> Minuten lang im Zustand der Schwerelosigkeit. 108 Minuten nach dem Start auf dem Weltraumbahnhof Bai-
> konur landete Gagarin nahe der russischen~~, nicht kasachischen~~ Stadt Saratow.

4 a, b
           , das fast 5000 Kilo schwer war,
Kein Fliegengewicht: Mit einem Raumschiff | umkreiste Juri Gagarin die Erde.
  , die über eine Stunde andauerte,
Die Schwerelosigkeit | war für Juri Gagarin ein vollkommen neues Erlebnis.
              ganze 108 Minuten
Niemand war bisher so lange im All gewesen: Juri Gagarin hielt sich | dort auf.

Seite 71

Teste dich! – Die Satzglieder

1 **a** (Auch 2018)(haben)(die Astronauten)(einen Weltraumflug)(unternommen).

b *Es gibt zwei Möglichkeiten, den Satz umzustellen. Du musst aber nur eine aufgeschrieben haben.*

Vorfeld	linke VK	Mittelfeld	rechte VK
Auch 2018	haben	die Astronauten einen Weltraumflug	unternommen.
Die Astronauten	haben	auch 2018 einen Weltraumflug	unternommen.
Einen Weltraumflug	haben	die Astronauten auch 2018	unternommen.

c [X] Subjekt: die Astronauten   [X] Akkusativobjekt: einen Weltraumflug

[X] Prädikat: haben unternommen   [ ] Dativobjekt: _____

d Haben die Astronauten auch 2018 einen Weltraumflug unternommen?

2 Nach zwei Tagen haben die Astronauten die Internationale Raumstation erreicht.

Alexander Gerst nahm sich für seine Mission viel vor.

3 A Die Astronautin erklärt dem Kollegen das Experiment. *oder* Der Kollege erklärt der Astronautin das Experiment.
B Der Kollege beschreibt der Astronautin den Versuch. *oder* Die Astronautin beschreibt dem Kollegen den Versuch.

Rechtschreibung

Seite 72

Was kannst du schon? – Rechtschreibstrategien und -regeln

1 **a, b** die Som|mer|blu|men (4 Silben), die Win|ter|him|mel|wol|ke (6 Silben),
die Ka|mel|ka|ra|wa|ne (6 Silben)

2 der Kamel|höcker, die Wunder|kerze, die Sommer|sonne, die Feder|mappe, die Winter|zeit

3 das Hemd – die Hemden, der Zwerg – die Zwerge,
der Dieb – die Diebe, das Geld – die Gelder, die Burg – die Burgen

4 **a, b** die **Berg**|hütte – die Berge, die **Wind**|stärke – die Winde, der Schul|**freund** – die Freunde,
der Hof|**hund** – die Hunde

5 die St**ä**rke – stark, die W**e**rke, **ä**ngstlich – die Angst, die H**äu**te – die Haut, h**eu**te, s**äu**berlich – sauber

6 füh**l**en, die Bri**ll**e, die Blu**m**e, su**mm**en, re**nn**en, ahnen, hu**p**en, die Su**pp**e

Seite 73

7 die Zi**e**ge, die Bi**e**ne, die Spinne, die Li**e**belle, die Fl**ie**ge

8 *ss:* besser, essen, wissen, fressen
ß: außen, draußen, fraßen, die Straße

9 **a** *Diese Sätze enthalten einen Fehler:*

Der Tiger ist ein **G**efährliches Raubtier mit gestreiftem Fell. – *mit Fehler*
Die **r**aubkatze lebt in tropischen Wäldern, aber auch in kalten Gebieten. – *mit Fehler*
Wusstet ihr, dass der Tiger ein guter **s**chwimmer ist? – *mit Fehler*
b gefährliches, (die) Raubkatze, (der) Schwimmer

10 Die Menschen, auf der Weide, das Klima, auf der Erde, bei der Verdauung, ein Gas, das Methan, eine Hülle, die Wärme, die Temperaturen

Rechtschreibstrategien anwenden

Seite 74

1 das Som mer fe ri en en de, die Schlit ten hun de, die Ba na nen scha le, die Ge wit ter wol ken, der Win ter man tel, die Re gen trop fen, die Sei fen bla se, die But ter blu me

2 das Ba na nen brot (4 Silben), die Pa pa gei en fe der (6 Silben), der Zi tro nen fal ter (5 Silben), der Was ser me lo nen kern (6 Silben), die Wun der ker ze (4 Silben), der Sport un ter richt (4 Silben)

3 **a, b** der Wet ter be richt (4 Silben), die Pi ra ten schif fe (5 Silben), die Bus hal te stel le (5 Silben), das Scho ko la den tört chen (6 Silben), die Tisch ten nis run de (5 Silben), das E le fan ten ge he ge (7 Silben), der To ma ten sa lat (5 Silben), die But ter brot do se (5 Silben)

Seite 75

1 **b** schweben, schreiten, schimpfen, schwatzen, schaukeln, eigentlich, wirklich, furchtbar, welcher, zeichnen, sichten, suchen, machen

2 das Gedicht, gemischt, französisch, die Geschichte, frech, klatschen, deutsch, dich, der Hirsch, der Mensch, das Blech, gleich, der Busch, frisch, das Fleisch, der Fisch, tauschen, gerecht

3

		P	F	E	I	F	E	
P	F	I	F	F	E	R	L	I	N	G
	P	F	A	N	N	E		
P	F	E	F	F	E	R	M	I	N	Z
	P	F	I	R	S	I	C	H
				P	F	E	I	L
	P	F	A	U	P	F	E	R	D
		P	F	A	N	D		
P	F	U	N	D				

die Pfeife, der Pfifferling, die Pfanne, das/der Pfefferminz, der Pfirsich, der Pfeil, der Pfau, das Pferd, der Pfand, das Pfund

4 **a** Fünf **pf**eifende **Pf**erdepf**l**eger **pf**lücken fünfzehn **Pf**und **Pf**irsiche.

Seite 76

1 **a, b** der Freund – die Freunde, das Band – die Bänder, der Zug – die Züge, der Weg – die Wege, der Tag – die Tage, der Strand – die Strände, der Rand – die Ränder, das Kind – die Kinder

2 a, b und c

es lebt – wir leben   das Land – die Länder   klug – klüger als   lieb – lieber als   sie wagt – wir wagen

sie hebt – wir heben   die Wand – die Wände   der Zug – die Züge   der Dieb – die Diebe   er klagt – wir klagen

➕ 3 Adjektive verlängert man, indem man sie mit „als" steigert. Verben verlängert man mit Hilfe der „wir"-Form.
Bei Nomen bildet man den **Plural**.

Seite 77

1 a, b Wörter mit **b:** der Anschu**b** – die Anschübe, der Urlau**b** – die Urlaub, der Betrie**b** – die Betriebe
Wörter mit **d:** gesun**d** – gesünder als, der Aben**d** – die Abende, das Freiba**d** – die Freibäder
Wörter mit **g:** der Anzu**g** – die Anzüge, der Ausflu**g** – die Ausflüge, winzi**g** – winziger als
c *Richtige Antworten:*
Verlängern bedeutet z. B., aus einem Wort mit zwei Silben ein Wort mit drei Silben zu bilden.
Im zweisilbigen Wort kann das Wortende unklar sein.

2 b senkrecht: **1** = Montag, **3** = Abgrund, **4** = Lösung
waagerecht: **2** Gepard, **5** = Ausflug, **6** = Honig
c die Montage, die Abgründe, die Lösungen, die Geparden, die Ausflüge, die Honige

Seite 78

1 der Winter + die Mütze → die **Wintermütze**, der Apfel + der Saft → der **Apfelsaft**,
der Sommer + der Regen → der **Sommerregen**, der Zopf + die Spange → die **Zopfspange**,
die Musik + die Stunde → die **Musikstunde**, das Tennis + die Halle → die **Tennishalle**

2 a *Foto links:* der Hammerhai, *Foto rechts:* der Fetzenfisch
b die Tier|art, die Kragen|ente, die Wasser|spinne, der Fisch|otter, die Welt|meere (Singular: das Welt|meer),
der Fetzen|fisch, der Hammer|hai

➕ 3 die Sternblume, die Butterblume, die Kornblume, die Mohnblume

Seite 79

1 die Schild|kröte – die Schilder, das Zwerg|kaninchen – die Zwerge, das Flug|hörnchen – die Flüge,
die Berg|ziege – die Berge, das Wild|schwein – wilder als, der Mond|fisch – die Monde

2 a, b, c die Lan**d**|karte – die Länder, die Han**d**|tasche – die Hände, die Ber**g**|bahn – die Berge,
der Aben**d**|himmel – die Abende, der Kor**b**|sessel – die Körbe

3 *Richtige Aussagen:*
In zusammengesetzten Wörtern können sich Verlängerungsstellen befinden.
Bei zusammengesetzten Nomen richtet sich der Artikel immer nach dem letzten Wort.

4 *Mögliche Lösungen:*
die Landschildkröte, das Landei, die Bergblumen, die Bergwanderung, das Abendessen, die Abendstimmung,
die Korbtasche, der Korbflechter, das Handbuch, die Handpuppe

Seite 80

1 **a, b**

sich bessern
wässern – denn: das Wasser

lecker
der Bäcker – denn: backen

klemmen
kämmen – denn: der Kamm

die Wende
die Wände – denn: die Wand

2 die Angst: ängstlich, verängstigt, beängstigend, die Ängste
anders: ändern, verändern, die Änderung, änderbar
die Zahl: zählen, zählbar, (sich) verzählen
lang: länger, die Verlängerung, verlängert, am längsten

3 das Gepäck – packen, die Hauswände – die Wand, die Bundesländer – das Land,
der Ärmel – der Arm, färben – die Farbe, die Erklärung – klar

Seite 81

1 **a, b** beugen – aber: läuten, denn: laut   heute – aber: die Häute, denn: die Haut
die Beute – aber: die Bräute, denn: die Braut   die Seuche – aber: die Bäuche, denn der Bauch

2 **a**

V	E	R	T	R	Ä	U	M	T		
R	Ä	U	B	E	R					
		S	Ä	U	R	E				
T	R	Ä	U	M	C	H	E	N		
S	Ä	U	B	E	R	N				
	G	E	S	Ä	U	B	E	R	T	
		S	Ä	U	E	R	L	I	C	H
R	Ä	U	B	E	R	I	S	C	H	
		T	R	Ä	U	M	E	N		
	S	Ä	U	B	E	R	L	I	C	H

b **sauber:** säubern, gesäubert, säuberlich
sauer: die Säure, säuerlich
der Traum: verträumt, das Träumchen, träumen
rauben: der Räuber, räuberisch

3 die Kräuter – das Kraut, die Häufigkeit – der Haufen, die Fäustlinge – die Faust, die Mäusefamilie – die Maus,
die Albträume – der Traum, häuslich – das Haus, schädlich – der Schaden

➕ 4 *Mögliche Lösung:*
aufräumen, einräumen, umräumen, räumlich, das Raumschiff

Seite 82

1 **a, b** A B C D E F G H I J K L M N O P Q R S T U V W X Y Z

2 A die Ameise, der Büffel, der Gorilla, der Maulwurf, das Nashorn, der Papagei
B der Aal, der Adler, die Amsel, die Anakonda, die Antilope

3 **a** von „Trick" bis „Trident"
b **Stichwort:** Trick; **Artikel (Genus):** der; **Genitiv und Pluralform des Nomens:** -s/-s; **Silbentrennung:** Trick | be | trug;
Bedeutung des Wortes: (Sportart, bei der auf besonderen Skiern artistische Sprünge, Drehungen u. Ä. gemacht
werden); **umgangssprachliches Wort:** *(ugs.);* **Fremdwort aus dem Französischen:** (franz.); **Fremdwort aus dem**
Englischen: (engl.)

c Was ist ein „Tricktrack"? ein Brett- und Würfelspiel
Aus welcher Sprache kommt das Wort? aus dem Französischen
Aus welchen Silben besteht das Wort? „Trick" und „track"
Wie lautet der Genitiv? des Tricktracks

4 *Mögliche Lösung:*
Ein Trident ist ein Dreizack. Folgende weitere Angaben finde ich im Wörterbuch: Der Genitiv lautet „des Tridents"
oder „des Tridentes". Der Plural lautet „die Tridente". Das Wort stammt aus dem Lateinischen.

Seite 83

1 b B Das Mauswiesel ist zwischen 13 und 35 cm lang.
C Es muss viel fressen und lebt deshalb da, wo viele Mäuse sind.

2+3 Das Mauswiesel | ist das kleinste | räuberische Säugetier. | Die zierlichsten Exemplare | sind nur etwa 13 Zentime-
ter lang | und wiegen | so viel | wie drei 2-Euro-Münzen. | Die größten | haben eine Länge | von ungefähr 35
Zentimetern. |
Das hübsche Mauswiesel | jagt bevorzugt | Feldmäuse und Wühlmäuse. | Durch ihren länglichen Körperbau |
können sich die kleinen Marder | auch in unterirdischen Mäusegängen | wieselflink bewegen. | Sie haben | einen
hohen Energiebedarf. | Deshalb | sind sie an Lebensräume | mit hoher Mäusedichte | gebunden: | trockene
Wiesen, | Feldraine, | aber auch lichte Wälder | mit ausreichend Unterholz. | Unterschlupf | finden sie | unter
Baumwurzeln, | in Felsspalten, | Baumlöchern | oder den Gängen anderer Tiere.

Seite 84

1 b der Wie de hopf, die Vo gel hoch zeit, der Blu men topf, fi di ral la la la la
c jedes Kind, aus dem Lied, den Sängern, im Wald, gefährdeten

2 a, b auffällt – auffallen, der Farb|ton – die Farbe, die Bänder – das Band, prächtige – die Pracht,
trägt – tragen, kann – können, zeigt – zeigen

3 a, b der Zug|vogel – die Züge, fliegt – fliegen, ernährt – die Nahrung,
die Feld|grillen – die Felder, die Jagd – jagen, verfolgt – verfolgen, herumläuft – laufen,
schlägt – schlagen

Seite 85

Teste dich! – Die Strategien anwenden

1 a, b die Zimmerpflanze, die Paketsendung, der Klassenraum, die Feuerstelle

2 der Korb – die Körbe, lieb – lieber als, das Sieb – die Siebe
das Rad – die Räder, rund – runder als, glänzend – glänzender als
der Zwerg – die Zwerge, witzig – witziger, billig – billiger

3 der Korb|sessel – die Körbe, der Raub|vogel – rauben, der Schreib|tisch – schreiben, das Berg|dorf – die Berge

4 *Richtige Schreibung der Wörter und Verlängerungswort:*
glänzen – der Glanz, prächtig – die Pracht, verträumt – der Traum, aufräumen – der Raum

Rechtschreibregeln anwenden

Seite 86

1 A la li ku ro mi mo su lu ka ru ta tu ri ro be bo
B pa lim pa lom sa sum ta rim pru rom ta tom

2 erste Silbe offen: die Schule, das Auto, die Oma, schreiben, laufen, geben, holen, graben, mögen
erste Silbe geschlossen: der Gar)ten, die Ber)ge, die Wel)ten, die Her)zen, die Kin)der, hel)fen, mer)ken, den)ken,
sel)ten, par)ken

3 a, b, c

		A	D	L	E	R			
				L	Ö	W	E		
			H	A	S	E			
	K	R	A	N	I	C	H		
P	A	N	T	H	E	R			
S	C	H	L	A	N	G	E		
	A	M	S	E	L				
			K	A	M	E	L		

der Ad)ler
der Löwe
der Hase
der Kranich
der Pan)ther
die Schlan)ge
die Am)sel
das Kamel

Seite 87

1 a schreiben, raten, bitten, quaken, rattern, wollen, schlafen
b *Wörter mit offener erster Silbe:* schreiben, raten, schlafen, quaken
Wörter mit geschlossener erster Silbe: bitten, rattern, wollen
c *Richtig ist:* Doppelkonsonanten schreibt man nur, wenn die erste Silbe geschlossen ist.

2 a, b stim men, stol pern, kön nen, hin ken, bel len, sum men, hel fen, schwim men, fal ten
c **zwei verschiedene Konsonanten:** stolpern, hinken, helfen, falten
Doppelkonsonanten: stimmen, können, bellen, summen, schwimmen

3 **zwei verschiedene Konsonanten:** binden, werden, stürmen, hindern
Doppelkonsonanten: essen, kämmen, retten, fallen

Seite 88

1 es schwimmt – wir schwimmen, es kommt – wir kommen, sie lärmt – wir lärmen,
er tippt – wir tippen, es piept – wir piepen, sie stoppt – wir stoppen, er tappt – wir tappen

2 sie wollte – denn: wir wollen, sie bellte – denn: wir bellen, er schellte – denn: wir schellen,
er schälte – denn: wir schälen, sie nannte – denn: wir nennen, sie kannte – denn: wir kennen,
er rannte – denn: wir rennen, er pflanzte – denn: wir pflanzen

3 er hat gewollt – denn: wir wollen, er hat gebellt – denn: wir bellen, sie hat gezählt – denn: wir zählen,
sie hat geschellt – denn: wir schellen, er hat genannt – denn: wir nennen, er hat gekannt – denn: wir kennen,
sie hat gezankt – denn: wir zanken, sie ist gerannt – denn: wir rennen

Seite 89

1 **a, b** <u>sieg</u>en, (sin)gen, <u>krieg</u>en, <u>sieb</u>en, (hin)ken, die <u>Flieg</u>en, der (Win)ter

    c Wörter mit *ie:* siegen, kriegen, sieben, die Fliegen
    Wörter mit *i:* sinken, singen, hinken, der Winter

    d In zweisilbigen Wörtern schreibt man *ie* nur, wenn im zweisilbigen Wort die erste Silbe **offen** ist.

2 liegen – die Ziegen – wiegen
    lieben – sieben – schieben
    dienen – die Bienen – die Schienen

3 Schneewittchen war ein l**ie**bes K**i**nd. Ihre St**ie**fmutter wollte sie töten lassen, aber die s**ie**ben Zwerge l**ie**ßen sie bei sich wohnen. Dem Mädchen gef**ie**l es so gut, dass es dort bl**ie**b. Ein Sp**ie**gel sagte der Königin, wo sich die Pr**i**nzessin aufh**ie**lt. Sie kam mit einem g**i**ftigen Apfel …

Seite 90

4 **a, b**

Z	I	E	L	T			
		Z	I	E	H	T	
	F	R	I	E	R	T	
	B	I	E	G	T		
S	I	E	G	T			
D	I	E	N	T			
		R	I	E	C	H	T
W	I	E	G	T			
		L	I	E	G	T	

er zielt – wir zielen
sie zieht – wir ziehen
er friert – wir frieren
sie biegt – wir biegen
er siegt – wir siegen
sie dient – wir dienen
er riecht – wir riechen
sie wiegt – wir wiegen
er liegt – wir liegen

5 **a, b** das Herbst**lied** – die Lieder, **lieb**lich – wir lieben, der **Dieb**stahl – die Diebe, **schließ**lich – wir schließen, **fried**lich – der Frieden

6 Man übers**ie**ht den B**ie**nenfresser kaum, da sein buntes Gef**ie**der auffällig leuchtet. Der Vogel wird nur etwa 28 Zentimeter groß. Im Herbst legt er r**ie**sige Strecken zurück. Er verbr**i**ngt den ganzen W**i**nter in Afrika und kommt erst im Frühjahr w**ie**der zurück. Der Vogel ernährt sich von Insekten, die er beim Fl**ie**gen aus 60 Meter Entfernung erkennen kann. Dass die B**ie**nen ihr Gift absondern, stört den Vogel nicht. Denn es ist bei ihm völlig w**i**rkungslos. Durch diese Besonderheit kam das T**ie**r zu seinem ungewöhnlichen Namen.

Seite 91

1 **a, b** Wörter mit *s:* lesen, tosen, kreisen, losen, rasen
    Wörter mit *ß:* heißen, sprießen, spaßen, stoßen, reißen

    c *s:* Die erste Silbe ist **offen**. Den *s*-Laut spricht man **stimmhaft**.
    ß: Die erste Silbe ist **offen**. Den *s*-Laut spricht man **stimmlos**.

2 Der Gra**s**frosch sitzt neben dem Teich im Gras. – denn: <u>die Gräser</u>
    Mein Flo**ß** schwimmt im Bach, der ruhig fließt. – denn: <u>die Flöße</u> und <u>fließen</u>
    Wenn es hei**ß** ist, dö**s**t der Leopard im Schatten. – denn: <u>heißer als</u> und <u>dösen</u>

3 aus, es, alles, als,
    etwas, was, anders, bis

Seite 92

1 2 = heißen, 4 = grüßen, 6 = draußen, 7 = fließen
1 = beißen, 3 = spaßen, 4 = gießen, 5 = stoßen

2 die Reiß|zähne – reißen, der Weiß|kohl – weißer als, der Spaß|macher – spaßen, das Ton|gefäß – die Gefäße,

der Blumen|strauß – die Sträuße, die Gruß|karte – grüßen, die Süß|kartoffel – süßer als

3 Zum Geburtstag habe ich einen süßen Kartengruß bekommen.
Omas Klöße schmecken gut und auch die Soße ist lecker.
Der Wolf knurrt bedrohlich und zeigt seine Reißzähne.
Turnen macht mir viel Spaß, Fußball dagegen spiele ich äußerst ungern.
Der Strauß ist der größte lebende Vogel der Erde.

Seite 93

1

der Schlussteil	die Schlüsse – schließen	das Schließfach
der Warnschuss	die Schüsse – schießen	die Schießbude
der Zeckenbiss	die Bisse – beißen	das Beißverhalten
der Bänderriss	die Risse – reißen	die Reißzwecke
die Messlatte	messen – die Maße	der Maßanzug

2 Er schließt die Tür. – denn: wir **schließen**   Ich schloss die Tür. – denn: wir **schlossen**
Er gießt Blumen. – denn: wir **gießen**   Ich goss die Blumen. – denn: wir **gossen**
Ich zerreiße das Papier. – denn: wir **reißen**   Er zerriss den Brief. – denn: wir **zerrissen**

3 Schlossgespenst, verschließt, Maßstab, messen, beschlossen, schießen

Seite 94

Teste dich! – Die Schreibung der s-Laute

1 **erste Silbe offen + s-Laut (summend):** rasen, die Weisen,
erste Silbe offen + s-Laut (zischend): heißen, die Klöße, gießen, beißen, reißen
erste Silbe geschlossen: die Tasse, das Wasser, wir gossen, wir bissen, wir rissen

2 Wenn die erste Silbe offen ist, gibt es **zwei** verschiedene Schreibweisen.
Wenn der s-Laut nach der ersten offenen Silbe summend gesprochen wird, schreibt man **s.**
Wenn der s-Laut nach der ersten offenen Silbe zischend gesprochen wird, schreibt man **ß.**
Wenn die erste Silbe geschlossen ist, schreibt man **ss.**

3 Haselnüsse sind gesund und lecker. Doch ihre Schale lässt sich nur mit dem Nussknacker öffnen, zum Beißen sind unsere Zähne zu schwach. Da sind einige Tiere besser dran. Eichhörnchen nagen eine schmale Öffnung in die Schale und stoßen diese mit den Zähnen auf. Die klugen Krähen wissen ebenfalls, wie es geht: Sie werfen die Nüsse auf die Straße und lassen sie von fahrenden Autos „knacken".

Groß- und Kleinschreibung

Seite 95

1 a, b Nomen mit Artikelwort: das Glück, einen Eisvogel, (mit) dem Schnabel, der Vogel, (in) die Erdwände, die Jungvögel, das Männchen, das Weibchen, der Eisvogel, seinen Schnabel, einen Fisch, (auf) einen Ast, (gegen) das Holz

Nomen mit Artikelwort und Adjektiv: (mit) seinem türkisblauen Gefieder, seinem roten Bauch, die passenden Nistplätze, eine schmale Brutröhre, die alte Brut, die jüngeren Nachkommen, ein sauberes Gewässer

c am (= an dem) Ufer (Z. 1), zur (zu der) Jagd (Z. 9), im (= in dem) Sturzflug (Z. 10), ins (in das) Wasser (Z. 11)

2 Der kleine Vogel fliegt auf einen hohen Ast, schlägt den zappelnden Fisch gegen das harte Holz und verschlingt ihn.

Seite 96

1 Gruppengähnen

Man weiß schon lange, dass die Menschen, die Hunde und die Affen gähnen und damit ihre Artgenossen anstecken. Bei den geselligen Wellensittichen hat man eine ähnliche Verhaltensweise beobachtet: Wenn die Vögel gähnen, werden die Mitglieder der Gruppe davon angesteckt. Nach den neuesten Forschungen vermuten die Wissenschaftler: Die Wellensittiche wollen damit vielleicht zeigen, dass sie sich mögen. Es könnte aber auch sein, dass sie der Gruppe signalisieren wollen: Wir sind wachsam!

2 **Ein kleiner Vogel, ein lustiger Trick**

DIE TASMAN-ERDDROSSEL SCHARRT AUF DEM BODEN NACH IHRER NAHRHAFTEN BEUTE, DEN KLEINEN INSEKTEN. DABEI NUTZT SIE EINEN BESONDEREN TRICK. SIE SETZT SICH HIN UND MACHT EIN EIGENARTIGES GERÄUSCH: SIE PUPST, UM DAMIT DIE WÜRMER ZU ERSCHRECKEN. WEIL SIE SEHR GUT HÖRT, BEKOMMT SIE DIE REAKTION DER WINZIGEN TIERE MIT UND KANN MIT DEM SCHNABEL ZUPACKEN.

3 a Überraschung von oben

Wer hat schon gerne einen klebrigen Vogeldreck auf seiner Kleidung? Das ist eine Sauerei. Aber es ist ein Zufall, wenn das passiert. Die Wacholderdrosseln überlassen das nicht dem Zufall. Sie brüten immer zu mehren in einer Gruppe in einem Baum oder einem Strauch. Wenn sich ein Greifvogel nähert, wenden die Wacholderdrosseln gemeinsam einen Trick an: Sie „beschießen" den Feind mit ihren Kotbomben. Weil er die Federn nur noch schlecht bewegen kann, kann er die Nester auf dem Baum nicht mehr erreichen.

b *Mögliche Lösung:*

ekligen Vogeldreck, seiner **sauberen** Kleidung, eine **riesige** Sauerei, ein **großer** Zufall, die **schlauen** Wacholderdrosseln, einer **großen** Gruppe, einem **hohen** Baum, einem **buschigen** Strauch, ein **gefährlicher** Greifvogel, die **schlauen** Wacholderdrosseln, einen **unglaublichen** Trick, den **bedrohlichen** Feind, ihren **klebrigen** Kotbomben, die **schmutzigen** Federn, die **begehrten** Nester, dem **hohen** Baum

Seite 97

Teste dich! – Nomen großschreiben

1 *Nomen sind:*
der Vogel, die Tasche, der Bär, der Mut, die Feder, die Kleidung, die Hose, die Hand

2 Auch die Vögel in der Stadt pflegen die Nistplätze, in denen sie die Eier ausbrüten.

Sie nutzen einen Trick, um das gefährliche Ungeziefer zu bekämpfen. Sie legen die alten Zigarettenstummel in

die Nester, die von den Menschen weggeworfen wurden. Wozu? Das Nikotin in den Filtern hält die Schädlinge fern.

3 Die tropischen Papageien fallen wegen ihres bunten Gefieders auf. Mit ihrem kräftigen Hakenschnabel können sie auch die härtesten Nüsse knacken. Dank seiner starken Greifzehen klettert ein Papagei sicher auf den Bäumen, wobei er seinen Schnabel wie einen zusätzlichen Fuß nutzt.

Die Zeichensetzung üben

Seite 98

1 **a** Leider sind immer mehr Tierarten vom Aussterben bedroht, dazu gehören beispielsweise:
Nashorn, Tiger, Iltis, Dachs, Schweinswal, Puma, Faultier, Koala, Wildpferd.

b Auch viele Affen wie Gorillas, Lemuren, Koboldmakis oder Orang-Utans sind gefährdet.
Neben den Tieren sterben aber auch Blumen, Gräser und Bäume aus.

c Bei einer Aufzählung werden die aufgezählten Wörter durch ein **Komma** abgetrennt.
Ausnahme: Vor den Konjunktionen **und** bzw. **oder** steht kein Komma.

2 **a** Das erste Tier setzt sich zusammen aus Zebra, Hahn und Giraffe.
Das zweite Tier besteht aus Ente, Schwein, Fuchs und Igel.

b Das erste Tier hat einen langen Giraffenhals, Streifen wie ein Zebra, eine blaue Mähne und einen bunten Hahnenschweif.
Das zweite Tier hat den Körper eines Schweins, gelbe Entenfüße, einen Fuchsschwanz und graue Igelstacheln.

Seite 99

1 **a + b**
A Paul erzählt aufgeregt: „Wildschweine wollten uns umrennen!"
B „So schlimm war es auch nicht", unterbricht ihn der Vater.
C „Zumindest", fährt Paul fort, „war es eine gefährliche Situation."

c Redebegleitsatz hinten „Wildschweine wollten uns umrennen!", erzählt Paul aufgeregt.
Redebegleitsatz in der Mitte: „Wildschweine", erzählt Paul aufgeregt, „wollten uns umrennen!"

2 **a + b**
Mia macht große Augen und fragt: „Hatten sie etwa Babys dabei?"
„Oh Mann", stöhnt Paul, „Frischlinge haben die Wildschweine doch im Frühling!"
„Aber was haben sie denn dann gemacht?", will Mia wissen.
„Sie haben", sagt Paul und holt tief Luft, „eigentlich nichts gemacht."
„Aber sie hätten euch doch fast umgerannt", bohrt Mia nach.
Paul beißt grinsend in einen Apfel und sagt mit vollem Mund: „Wenn die Wildschweine losgerannt wären und wir im Weg gestanden hätten, dann hätten sie uns vielleicht umgerannt."

Ich teste meinen Lernstand

Seite 100–101

Test A – Einen literarischen Text lesen und verstehen
Insgesamt 23 Punkte

1 Es geht darum, dass **das Mädchen Mathilde** es schafft, **den Spuk** auf Burg Krähennest zu beenden.
2 Punkte

2 A 4 – B 5 – C 1 – D 2 – E 3
5 Punkte

3 A falsch – B richtig – C falsch – D falsch – E richtig
5 Punkte

4 Mathilde: ist die Tochter von Freunden des Burgherrn von Burg Krähennest.
6 Punkte
empfindet Mitleid mit dem Burggespenst, statt Angst zu haben.
findet eine Lösung für das Problem auf Burg Krähennest.
Gertrud: mag kein schlechtes Wetter und heult dann schaurig.
hält sich nachts rund um die Burg Krähennest auf.
ist erstaunt und dankbar darüber, dass sie ins Gästezimmer gebeten wird.

5 a *Folgende Verbindungen aus Adjektiven und Nomen gibt es im ersten Absatz (Z. 1–9):*
3 Punkte
langer Zeit, mutigsten Ritter, stärksten Burgfräulein, stürmischsten Nächten, schaurige Geheul
b „Wuihaaahiiiihuuuuu!", heulte Gertrud. (Z. 28)
Sie [...] rief mitten in den Sturm hinein, so laut sie konnte: „GERTRUD! Komm her! Du kannst in meinem
Zimmer schlafen! Es ist warm und trocken und bestimmt viel netter als hier draußen!" (Z. 45–48)
2 Punkte

Seite 102

Test B: Schreiben
Insgesamt 14 Punkte

1 *Mögliche Lösungen:*
6 Punkte
A Ausgangspunkt für Wanderungen und Ort unheimlicher/gruseliger/gespenstischer Sagen –
das ist die Burg Hohenbaden.
B Sie steht/erhebt sich auf Felsen oberhalb der Stadt Baden-Baden. *oder*
Sie wurde auf Felsen oberhalb der Stadt Baden-Baden gebaut/errichtet.
C Von ihrem hohen Turm konnten früher die Wächter die Umgebung gut beobachten/bewachen/
im Auge behalten.

2 *Mögliche Lösungen:*
3 Punkte
schön: hässlich, unschön
bequem: anstrengend, unbequem, schwierig
zukünftig: vergangen, früher

3

0-7 Wörter	8-14 Wörter	15-22 Wörter	23-30 Wörter	mehr als 30 Wörter	5 Punkte
1 Punkt	2 Punkte	3 Punkte	4 Punkte	5 Punkte	

Seite 103

Test C – Grammatik
Insgesamt 25 Punkte

1 Gertrud flog um die alten Burgmauern. (pro richtiger Lösung einen halben Punkt)
3 Punkte

2 **a** 1 Nachts schwebt <u>die Geisterfrau</u> durch den Schlosskeller.   2 Das Heulen <u>der Geisterfrau</u> ist überall zu hören.
3 Es gelingt <u>der Geisterfrau</u>, alle Besucher zu erschrecken.   4 Auch Mathilde hört <u>die Geisterfrau</u> eines Nachts.

4 Punkte

b Satz 1: Nominativ, Satz 2: Genitiv, Satz 3: Dativ, Satz 4: Akkusativ

4 Punkte

c Satz 3: ihr, Satz 4: sie

2 Punkte

3 Vor sehr langer Zeit hat es auf Burg Krähennest gespukt. – Perfekt
Mathilde setzte sich kerzengerade auf im Bett. – Präteritum
Es ist warm und trocken! – Präsens

3 Punkte

4 Hat Mathilde keine Angst vor dem Gespenst?

2 Punkte

5 **a** Der Geisterfrau überlässt Mathilde ihr Zimmer. *oder:* Ihr Zimmer überlässt Mathilde der Geisterfrau.

1 Punkt

b Mathilde = Subjekt; überlässt = Prädikat; der Geisterfrau = Dativobjekt; ihr Zimmer = Akkusativobjekt

4 Punkte

6 Vor sehr langer Zeit **hat** es auf Burg Krähennest regelmäßig **gespukt**.

2 Punkte

Seite 104

Test D – Rechtschreibung

Insgesamt 40 Punkte

1 **a** Jedes **Kind** liebt Spukgeschichten. Oft spielen diese in einer alten **Burg,** in der ein unheimlicher Geist **lebt,**

den alle **Menschen** fürchten. Die Besucher haben große Angst, wenn der Geist über die **Burgmauern**

fliegt und **polternd** oder schreiend schaurige **Geräusche** verursacht. Zum Glück **gibt** es meist eine mutige

Person, die den Geist heldenhaft in die Flucht **treibt.** Manchmal endet die **Geschichte** auch glücklich

und der Geist kann auf der Burg bleiben.

10 Punkte

b Burg|mauern *(Zerlegen + Verlängern)*

1 Punkt

2 **a + b** der Spu**c**k → der Spu**k** – spuken   das Fr**eu**lein → das Fr**äu**lein – die Frau

12 Punkte

das Mit**leit** → das Mit**leid** – leiden   der Bur**k**|graben → die Bur**g** – die Burgen

die Geister**menner** → die M**ä**nner – der Mann   die Freun**t**|schaft → die Freun**d**schaft – die Freunde

(pro richtigem Strategiezeichen 1 Punkt; pro passendem Beweiswort 1 Punkt)

3 **a** *Die Nomen im Text sind:*

6 Punkte

Kinder, Erwachsenen, Geschichten, Gruselgeschichte, Vorkommnis, Beispiel, Hauptfigur, Gefühl,
Uhr, Stuhl, Gegenstand, Bild *(pro richtigem Nomen ein halber Punkt)*

b *Nomen im Text, die nur von einem Artikel begleitet werden:*

6 Punkte

die Kinder, die Erwachsenen, die Geschichten, die Hauptfigur, ein Stuhl, ein Bild

c *Nomen im Text, die von einem Artikel + Adjektiv begleitet werden:* eine gute Gruselgeschichte,

ein unheimliches Vorkommnis, das seltsame Gefühl, eine alte Uhr, ein kleiner Gegenstand

5 Punkte

Training: Das Präteritum bei schwachen Verben

Trainiere die Bildung des Präteritums bei schwachen Verben. Wähle Aufgabe 1, 2 oder 3.

1 Wie lauten die Präteritumformen der Verben „wohnen", „machen" und „sagen"?
a Ergänze in der Übersicht alle fehlenden Formen.
b Markiere die Endungen im Präteritum farbig.

ich	wohn**te**	mach**te**	sag**te**
du	wohn**test**		
er, sie, es			
wir			
ihr			
sie			

2 In diesen Sätzen fehlen passende Verbformen im Präteritum.
a Umrahme in jedem Satz das Subjekt *(Wer oder was tut etwas?)*.
b Ergänze in jeder Lücke ein Verb aus dem Wortspeicher in der passenden Form.
Tipp: Markiere bei den Verben im Wortspeicher den Verbstamm. Ergänze die passende Endung.

Tam _____ eine Klassenfahrt ins Weltall.

Tam und die anderen Kinder _____ den Planeten Cetrix.

Sie _____ viel Neues über ihren Nachbarplaneten.

> lernen •
> besuchen •
> machen

3 In seinem digitalen Tagebuch berichtet Tam von seinen Erlebnissen auf Cetrix.
Ergänze die fehlenden Verben im Präteritum in der richtigen Form.

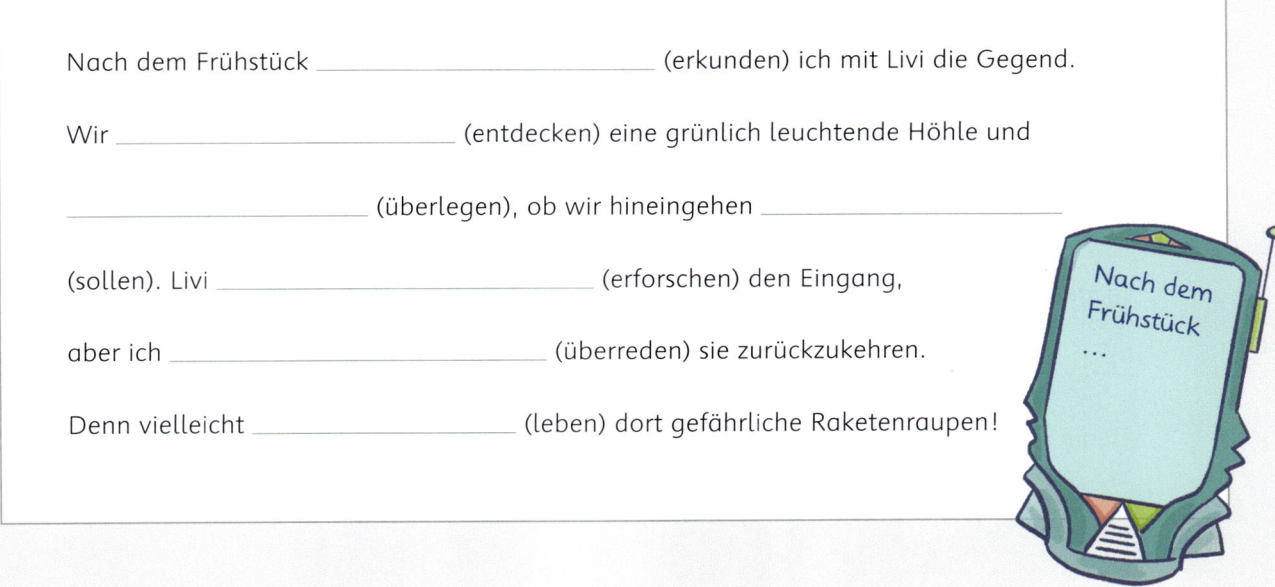

Nach dem Frühstück _____ (erkunden) ich mit Livi die Gegend.

Wir _____ (entdecken) eine grünlich leuchtende Höhle und

_____ (überlegen), ob wir hineingehen _____

(sollen). Livi _____ (erforschen) den Eingang,

aber ich _____ (überreden) sie zurückzukehren.

Denn vielleicht _____ (leben) dort gefährliche Raketenraupen!

Training: Das Präteritum bei starken Verben

Starke Verben haben besondere Formen im Präteritum. Wähle zum Üben Aufgabe 1, 2 oder 3.

1 **a** Die Raketenraupe hat 15 starke Verben im Präteritum verschlungen. Trenne sie durch Linien ab.
   b Notiere die Verbformen und schreibe den passenden Infinitiv dazu. Im Kasten findest du Hilfen.

begann\schlieftratgriffhielthalfbliebübernahmriefvergaßschlosstrafschwammschnittsprach

begann – beginnen,

_____

_____

_____

> beginnen • vergessen • schwimmen • treffen • sprechen •
> halten • rufen • bleiben • schließen • greifen •
> schneiden • treten • übernehmen • helfen • schlafen

2 In diesem Bericht wurde die Zeitform Präteritum nicht beachtet.
   a Unterstreiche die Verbformen im Präsens.
   b Bilde die richtige Form im Präteritum und notiere sie darüber. Markiere die veränderten Vokale.

> **traten**
> Am letzten Tag der Klassenfahrt ~~treten~~ fünf Teams beim Wettfliegen gegeneinander an. Im Flug-
>
> gleiter fliegt jedes Team fünf Runden um das Raumschiff. Zunächst geht Team „Andromeda" in
>
> Führung. Überraschend gewinnt Team „Kosmos" das Wettfliegen. Die Sieger erhalten einen Pokal.

Vorsicht Fehler!

3 Bilde aus den Vorgaben sinnvolle Sätze mit Verbformen im Präteritum.
   Tipp: Zwei Verben musst du in zwei Teile trennen. Beachte die Großschreibung am Satzanfang.

am letzten Tag der Klassenfahrt – ein Wettfliegen – stattfinden

_____

gegeneinander – antreten – fünf Teams – in Fluggleitern

_____

Team „Kosmos" – am schnellsten fliegen – und gewinnen – einen Pokal

_____

Tempus des Verbs

1 **a** Ergänze die fehlenden Personalformen im **Präteritum**. ☐/12 Punkte

   b Handelt es sich um starke oder schwache Verben?
   Ergänze die Überschriften. ☐/6 Punkte

_____ Verben im Präsens und Präteritum:

ich lese – ich _____ du sprichst – du _____ er nimmt – er _____

ihr seht – ihr _____ wir gehen – wir _____ sie treten – sie _____

_____ Verben im Präsens und Präteritum:

ich brauche – ich _____ du fragst – du _____ sie wohnt – sie _____

wir lachen – wir _____ ihr erzählt – ihr _____ sie stellen – sie _____

2 **a** Prüfe bei jeder Reihe: In welcher **Zeitform** stehen alle Verbformen bis auf eine? ☐/3 Punkte
   Kreuze an.

   b Umkreise in jeder Reihe die unpassende Verbform und schreibe die richtige darüber. ☐/3 Punkte

	Präsens	Präteritum	Perfekt
du tanzt – ihr feiert – ich esse – wir sprachen – sie bezahlen – ihr lest	☐	☐	☐
ich fiel – wir gingen – du hast begonnen – er sprach – sie sangen	☐	☐	☐
ihr seid geflogen – du hast gegessen – wir sind – ich habe verloren	☐	☐	☐

3 **a** Präsens, Präteritum, Perfekt? ☐/6 Punkte
   Ergänze die Verben in der passenden Zeitform.

   b Unterstreiche jede Verbform wie angegeben: Präsens, Präteritum, Perfekt. ☐/6 Punkte

Als Tam gestern von der Klassenfahrt nach Hause _____ (kommen), _____ (fragen)

seine Mutter: „_____ es dir Spaß _____ (machen)?" Tam _____ (nicken)

und _____ (denken) an die lustigen Erlebnisse auf dem Planeten Cetrix.

Aber heute _____ (freuen) er sich, wieder zu Hause auf Betax zu sein!

4 Prüfe deine Lösungen mit Hilfe des Lösungsheftes.
   Trage deine Punkte neben den Aufgaben ein und errechne die Gesamtzahl.

☺ **36–34 Punkte**	☺ **33–18 Punkte**	☹ **17–0 Punkte**
Gut gemacht! Du bist ein Profi. Was möchtest du dennoch weiter üben?	Gar nicht schlecht! Wo hattest du Schwierigkeiten? Wiederhole passende Übungen auf den Seiten 53–58.	Du solltest noch einmal üben! Arbeite die Seiten 53–58 noch einmal gründlich durch.

Feldermodell und Satzarten

Sätze mit dem Feldermodell strukturieren

1 a Setze die trennbaren Verben (Partikelverben) in die Sätze ein.
b Markiere das finite (gebeugte) Verb.

Tierische Astronauten <mark>kommen</mark> immer wieder in der Geschichte der Weltraumfahrt vor. (v̶o̶r̶k̶o̶m̶m̶e̶n̶)

Auch Affen _____ in die Weiten des Weltalls _____. (hinausfliegen)

1960 _____ ein Flug mit Hunden _____. (stattfinden)

2 a Unterstreiche in den Sätzen A–C die Verbteile.
b Trage die Sätze ins Feldermodell ein.
Trage zuerst die Verbklammer ein.

A Zwei Hündinnen haben damals die Erde umkreist.
B Belka und Strelka haben es geschafft.
C Sie kehrten heil zur Erde zurück.
D Die Menschen haben gejubelt.
E Später bekam Belka sechs Welpen.

Vorfeld	linke VK	Mittelfeld	rechte VK
A ...	haben	...	umkreist.

Satzarten unterscheiden

Es gibt drei verschiedene Satzarten:
- In einem **Aussagesatz** teilt man etwas mit. Er endet mit einem **Punkt,** z. B.: *Kometen sind selten***.**
- In einem **Fragesatz** erfragt man etwas. Er endet mit einem **Fragezeichen,** z. B.: *Ist das ein Komet***?**
- Für Ausrufe oder Aufforderungen verwendet man einen **Ausrufesatz.**
  Er endet mit einem **Ausrufezeichen,** z. B.: *Da ist ein Komet***!**

Sätze können auch nach der **Stellung des finiten Verbs** unterschieden werden.
- **Verberstsatz:** *Hast du vom Mars-Rover gehört? / Liest du den Text? / Lies den Text!*
- **Verbzweitsatz:** *Ich habe vom Mars-Rover gehört. / Ich lese den Text.*

Verberstsätze verwenden wir oft für Aufforderungen oder Entscheidungsfragen.
Der Verbzweitsatz ist typisch für Aussagen.

1 **a** Unterstreiche in den Sprechblasen die finiten Verben. Es gibt zwei Fragewörter. Umkreise sie.
  b Färbe die Sprechblasen: Aussagesätze rot, Fragesätze grün und Aufforderungssätze blau.

> Schau, ein Komet am Himmel _!__

> Gib mir mal das Fernglas___

> Wie bewegen sich Kometen___

> Kometen umkreisen die Sonne einmal und entfernen ich dann für immer von ihr___

> Warum nennt man Kometen „schmutzige Schneebälle"___

> Sie sind eine lose Mischung aus Eis, Staub und lockerem Gestein___

> Hast du den Kometen gesehen___

2 Ergänze im folgenden Text die fehlenden Satzzeichen am Satzende.

Woher kommen Kometen _?__

Habt ihr schon mal einen Kometen am Nacht-

himmel gesehen___ Pro Jahr werden nur etwa

20 Kometen entdeckt___ Doch woher kommen

sie___ Kometen stammen vermutlich aus den

äußeren, kalten Bereichen unseres Sonnensys-

tems___ Heiße Gase erstarrten dort zu Gesteinsklumpen, die sich in einer Ansammlung von Eis

und Staub wie „schmutzige Schneebälle" ins Innere unseres Sonnensystems bewegen___ Wie

groß sind Kometen eigentlich___ Die kleinsten sind „nur" einige hundert Meter lang, andere bis

zu 100 Kilometer___ Was für ein beeindruckender Himmelskörper___

Satzglieder erkennen

Den Vorfeldtest anwenden

Information ▷ **Mit dem Vorfeldtest Satzglieder erkennen**

- Die **Bausteine** eines Satzes nennt man **Satzglieder**.
  Ein Satzglied kann **aus einem einzelnen Wort oder aus einer Wortgruppe** bestehen.
- Im **Vorfeld** steht im Aussagesatz nur **ein Satzglied**.
  Wörter oder Wortgruppen, die zusammen im Vorfeld stehen können, bilden also ein Satzglied.

Vorfeld	linke VK	Mittelfeld	rechte VK
Die Menschen	entdecken	immer wieder neue Kometen.	
Immer wieder	entdecken	die Menschen neue Kometen.	
Neue Kometen	entdecken	die Menschen immer wieder.	

1 a Bilde aus den folgenden Satzgliedern einen sinnvollen Aussagesatz.
Setze einen Punkt und unterstreiche alle Satzglieder in unterschiedlichen Farben.

> schon vor 2000 Jahren • die Menschen • mit großem Interesse • Kometen am Himmel •
> beobachteten

b Schreibe den Aussagesatz mit veränderter Satzstellung auf.
Unterstreiche alle Satzglieder wie in Aufgabe 1a.

2 Wenn du Sätze umstellst, kannst du abwechslungsreicher formulieren.
a Bestimme die Satzglieder im folgenden Text mit Hilfe des Vorfeldtests, z. B.:
Das Erscheinen eines Kometen bedeutete …
b Umkreise dann in jedem Satz die Satzglieder.

> Für unsere Vorfahren bedeutete (das Erscheinen eines Kometen) Unheil und
> Gefahr. Für sie waren die leuchtenden Himmelskörper Unglücksboten. Für
> die heutigen Menschen sind die seltenen Lichterscheinungen ein schönes Er-
> eignis. Viele Leute erwarten mit Freude die Ankunft eines neuen Kometen.

c Schreibe den Text in abwechslungsreicher Satzstellung in dein Heft.

Das Prädikat

1 Prädikate gesucht! Den Bildern 1–3 fehlt eine passende Überschrift.

a Wähle passende Prädikate aus dem Kasten aus und ergänze sie in der richtigen Form auf den Zeilen.

> besuchen • entdecken • beschreiben • fotografieren • verstecken • untersuchen • zerstören

Die Astronomen _____ einen Kometen.

Der Astronom _____ einen Kometen.

Der Astronom _____ einen Kometen.

b Stelle die Satzglieder der Sätze aus ▶ Aufgabe 1a so um, dass „Einen Kometen" am Satzanfang steht.

c Prüfe, ob das Prädikat an zweiter Satzgliedstelle steht: Umrahme es in jedem Satz.

Einen Kometen _____

_____

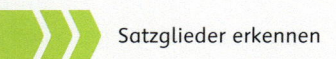
Die Verbklammer

> **Information** Mehrteilige Prädikate
>
> Manche Prädikate bestehen aus **mehreren Teilen,** z. B.:
> - bei trennbaren Verben (**Partikelverben**): *Am Himmel tauchte ein Komet auf.*
> - bei **Verbkomplexen** aus mehreren Verben: *Wir hatten schon lange darauf gewartet.*
>
> Die Prädikatsteile stehen im Aussagesatz an der **zweiten** und der **letzten Satzgliedstelle.**
> Sie bilden die **Verbklammer.**

1 Der Halleysche Komet ist ein besonderer Komet, der regelmäßig wiederkehrt.

a Erweitere den folgenden Satz um diese Satzglieder: alle 76 Jahre • am Himmel

Der Halleysche Komet taucht auf.

Der Halleysche Komet taucht _____

_____ auf.

b Verbinde die beiden Prädikatsteile mit einer Verbklammer.

2 a Schreibe den Satz aus ▶ Aufgabe 1 in neuer Satzstellung auf. Beginne mit „Alle 76 Jahre".
b Verbinde auch hier die beiden Prädikatsteile mit einer Verbklammer.

Alle 76 Jahre _____

_____ .

3 a Unterstreiche im folgenden Text alle zweiteiligen Prädikate.
Verbinde die beiden Teile des Prädikats mit einer Klammer.

> **1** Der englische Forscher Edmond Halley (1656–1742) trug das Wissen über einen besonderen
>
> Kometen zusammen. **2** Dieser war in den Jahren 1531, 1607 und 1682 am Himmel
>
> erschienen.   **3** Also müsste man den Kometen etwa alle 76 Jahre erneut sehen.   **4** Tatsächlich
>
> kam der Komet wieder.   **5** Er wurde nach seinem Entdecker „Halleyscher Komet" genannt.

b Erweitere Satz 4 um das Satzglied „im Jahr 1758". Setze die Verbklammer.

_____

_____

4 Hier wurde ein trennbares Verb falsch verwendet. Schreibe den Satz korrigiert in dein Heft.
Setze die Verbklammer.

Im Jahr 1910 auslöste das Wiederauftauchen des Halleyschen Kometen eine weltweite Massenpanik.

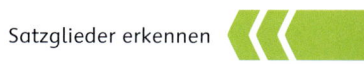

Das Subjekt

Satzglieder: Das Subjekt

Das **Subjekt** gibt an, **wer oder was etwas tut.** Man kann es mit **Wer oder was ...?** erfragen, z. B.:
Wer oder was scheint hell? – die Sonne
Die Besucherin betritt *die Sternwarte*. – Wer oder was betritt die Sternwarte? – *die Besucherin*

1 Wenn du die Subjekte in den folgenden Sätzen austauschst, passen sie wieder zum Bild.
a Erfrage in jedem Satz das Subjekt *(Wer oder was tut etwas?)*. Unterstreiche es rot.
b Ordne jedem Satz das richtige Subjekt zu. Schreibe die Sätze unten neu auf.
c Unterstreiche jeweils das Subjekt rot.

Ein Notizbuch steht in der Mitte des Raumes.
Neugierig gucken sich die Fotos um. Das Dach
spricht mit zwei Kindern. Einige Besucher
hängen an den Wänden. Auf der Bank liegt
ein Forscher. Ein Fernrohr ist weit geöffnet.

Ein Fernrohr steht _____

_____

_____

_____

2 Im folgenden Satz ist das Subjekt nur schwer zu finden.

In einer wolkenlosen Nacht entdeckte sie mit Hilfe eines Fernrohrs unzählige Sternschnuppen
am Himmel.

a Schreibe die Frage auf, mit der du das Subjekt ermitteln kannst. Halte die Frage möglichst kurz.

Wer oder was _____?

b Unterstreiche das Subjekt im Satz oben rot.
c Schreibe den Satz so auf, dass das Subjekt im Vorfeld des Satzes (am Satzanfang) steht.

_____

_____

_____

Das Akkusativobjekt

> **Information** ⟩⟩ **Satzglieder: Das Akkusativobjekt**
>
> - Manche Prädikate fordern neben dem Subjekt **ein weiteres Satzglied,** das **Objekt.**
> - Wenn man das Objekt mit **Wen oder was …?** erfragen kann, ist es ein **Akkusativobjekt,** z. B.:
>   Die Forscher beobachten den Nachthimmel. → Wen oder was beobachten die Forscher?
>   Subjekt   Prädikat   Akkusativobjekt

1 Erfrage die Akkusativobjekte in den folgenden Sätzen.
Unterstreiche sie grün. Notiere die passende Frage
(Wen oder was …?) auf der Zeile.
Tipp: Finde zuerst das Prädikat des Satzes.

In einer wolkenlosen Nacht sehen wir am Himmel viele Sterne.   Wen oder was sehen wir?

Schon früher betrachteten die Menschen den Sternenhimmel.   Wen oder was _____ sie?

Die ersten Sternenforscher benutzten lange Fernrohre. _____ ?

Am Anfang zählten sie die Sterne nur. _____ ?

Dann bestimmten sie ihren Platz. _____ ?

Sterne haben scheinbar eine winzige Größe. _____ ?

In Wirklichkeit besitzen sie einen riesigen Umfang. _____ ?

2 Akkusativobjekte gesucht! Bilde aus den Vorgaben
Akkusativobjekte und ergänze die Lücken.

> ~~moderne Sternwarten~~ • der Himmel • einzelne Sterne •
> das Dach • der Nachthimmel • die Sternwarten

Heute nutzen die Forscher moderne Sternwarten. Dies sind große Gebäude, in denen man _____

_____ öffnen kann. Mit Hilfe von Teleskopen beobachten die Forscher _____

_____ . Durch riesige Kameras fotografieren sie _____ .

Meist errichtet man _____ auf Bergen. Denn von dort aus

sieht man _____ besonders gut.

3 In ▶ Aufgabe 1 und 2 kommen Verben vor, denen immer ein Akkusativobjekt folgt. Markiere sie rot
und erstelle eine Liste in deinem Heft. Notiere die Verben in der Grundform (Infinitiv), z. B.:
Verben mit Akkusativ:
sehen, betrachten, …

Das Dativobjekt

1 Dativobjekte gesucht! Betrachte das Bild. Ergänze in den Lücken passende Dativobjekte aus dem Kasten.

> einem silbernen Nebel • den beiden Kindern • dem Mädchen

Mit Hilfe eines Fernrohrs gelingt es _____,
die Sterne der Milchstraße zu erkennen.

Ein breites, helles Band fällt

_____ auf.

Das Lichterband ähnelt _____.

2 a Erfrage im folgenden Text alle Dativobjekte *(Wem …?)*. Unterstreiche sie blau.

Die Milchstraße

Wem …?

Alle Sterne, die der Milchstraße angehören, ähneln einem spiralförmigen Rad. Die alten Griechen gaben diesem hellen Lichterband den Namen „Milchstraße" und erklärten sein Aussehen so: Dem Halbgott Herkules ist scheinbar die Milch heruntergefallen! Denn das Leuchten am Nachthimmel gleicht verschütteter Milch.

b Dativobjekte gesucht! Bilde mit den Wörtern in Klammern passende Dativobjekte und ergänze die Lücken.

Die Milchstraße erscheint _____ (die Menschen) wie eine große Sterneninsel,

die im Weltraum schwebt. Dass auch unsere Sonne mit ihren Planeten nur ein winziger Teil der Milch-

straße ist, ist _____ (die Erdbewohner) oft nicht bewusst.

3 a Schreibe mit jedem Verb einen Satz mit einem Dativ- und einem Akkusativobjekt ins Heft.
b Unterstreiche das Dativobjekt *(Wem …?)* blau und das Akkusativobjekt *(Wen oder was …?)* grün.

> beschreiben • geben • schenken • zeigen • erzählen • bringen

Er beschreibt den Kindern die Milchstraße.

Akkusativobjekt und Dativobjekt unterscheiden

1 Was siehst du auf den Bildern? Ergänze die fehlenden Akkusativ- und Dativobjekte aus dem Kasten.

der Klasse (2 x) • einen besonderen Stern (2 x) • das Sternbild (2 x)

Die Schülerin beschreibt _____

_____ . (Wen oder was?)

Die Schülerin beschreibt _____ (Wem?)

_____ . (Wen oder was?)

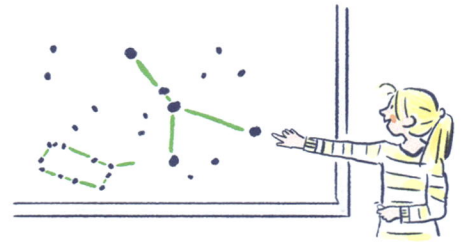
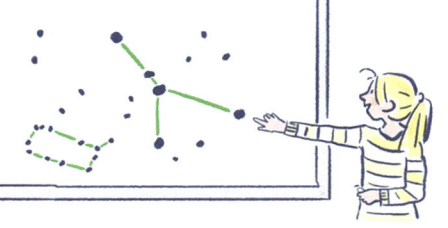

Die Schülerin zeigt _____

_____ . (Wen oder was?)

Die Schülerin zeigt _____ (Wem?)

_____ . (Wen oder was?)

2 Dativ- oder Akkusativobjekt? Erfrage die im Text markierten Objekte.
Unterstreiche die Akkusativobjekte grün und die Dativobjekte blau.

Sterne zeigen den Weg

_____ Wen oder was?

Wie finden Raumsonden im Weltall ihren Weg? Feine Fühler helfen den Flugkörpern, sich im

_____

All zurechtzufinden. Die Position der Sterne zeigt dem Bordcomputer, wo er sich befindet.

_____

Daraus errechnet er die genaue Flugrichtung.

_____

Texte überarbeiten – Proben anwenden

1 a Streiche im Text Nomen durch, die sich zu häufig wiederholen.
b Ersetze die Nomen durch die Pronomen aus dem Kasten.
Notiere sie in der Zeile darüber.

> sie • ihnen • er

Ein moderner Weltraumheld: Alexander Gerst

2014 flog der deutsche Astronaut Alexander Gerst das erste Mal zur

Er

Internationalen Raumstation (ISS). ~~Der Astronaut~~ wurde von seinen

Kollegen Maxim Surajew (Russland) und Reid Wiseman (USA) be-

gleitet. Mit seinen Kollegen verbrachte Alexander Gerst insgesamt

166 Tage im All. Die drei Astronauten starteten vom Weltraum-

bahnhof Baikonur in Kasachstan. Nach etwa 2500 Erdumrundun-

gen kehrten die drei Astronauten wohlbehalten zurück. Die drei

Astronauten waren schon im Weltraum Medienstars geworden.

2 a Streiche in diesem Text Verben und Adjektive, die sich wiederholen.
b Wähle passende Verben und Adjektive aus dem Kasten. Notiere sie unter den gestrichenen Wörtern.

> lustig • anstrengender • ausgiebiges • durchlief • bearbeitete • besaß • umfangreiche •
> befand sich

Auf der ISS hatte Alexander Gerst ein hartes Tagesprogramm. Jeden Morgen hatte er

ein hartes Fitnesstraining. Anschließend hatte der Astronaut zahlreiche Forschungs-

aufgaben. An Bord hatte er auch eine Kamera, mit der er zahlreiche Aufnahmen an

die Erde schickte.

3 **a** Sag es so knapp wie möglich! Streiche im folgenden Satz alle überflüssigen Formulierungen.
   b Schreibe den Satz neu auf.

Der auf der ganzen Welt bekannte russische Kosmonaut Juri Gagarin wurde als erster Mensch im Weltraum 1961 weltweit berühmt, da er als erster Mensch ins All flog.

c Streiche auch im folgenden Text alle überflüssigen Formulierungen.

Der erste Mensch im Weltraum: Juri Gagarin

Auf dem Weltraumbahnhof Baikonur in Kasachstan,
der in Kasachstan liegt und vielleicht nicht allen bekannt ist, startete das 4725 Kilo schwere Raumschiff
Wostok, was aus dem Russischen in die deutsche Spra-
5 che übersetzt „Osten" bedeutet. Juri Gagarin umkreiste
die Erde und befand sich, während er die Erde umrun-
dete, 70 Minuten lang im Zustand der Schwerelosigkeit. 108 Minuten nach dem Start auf dem Weltraumbahnhof Baikonur landete Gagarin nahe der russischen,
10 nicht kasachischen Stadt Saratow.

4 In den folgenden Sätzen fehlen wichtige Informationen.
   a Lies die Sätze. Prüfe jeweils, wo du eine Information aus dem Kasten passend ergänzen kannst.
      Markiere die Stelle mit einer Klammer wie im Beispiel.
   b Schreibe die zusätzliche Information jeweils in die Zeile darüber. Achte auf die Kommas.

> ganze 108 Minuten • , das fast 5000 Kilo schwer war, • , die über eine Stunde andauerte,

Kein Fliegengewicht: Mit einem Raumschiff ⌣ umkreiste Juri Gagarin die Erde.

Die Schwerelosigkeit war für Juri Gagarin ein vollkommen neues Erlebnis.

Niemand war bisher so lange im All gewesen: Juri Gagarin hielt sich dort auf.

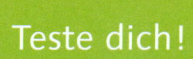
Die Satzglieder

1 **a** Umkreise die Satzglieder im folgenden Satz. ☐ /4 Punkte

Auch 2018 haben die Astronauten einen Weltraumflug unternommen.

b Trage den Satz ins Feldermodell ein. ☐ /2 Punkte
Stelle ihn dann so um, dass ein anderes Satzglied im Vorfeld steht.

Vorfeld	linke VK	Mittelfeld	rechte VK

c Welche Satzglieder enthält der Satz? Kreuze an und notiere die Satzglieder. ☐ /2 Punkte

☐ Subjekt: _____ ☐ Akkusativobjekt: _____

☐ Prädikat: _____ ☐ Dativobjekt: _____

d Schreibe den Satz so auf, dass eine Frage entsteht. Setze das nötige Satzzeichen. ☐ /1 Punkt

_____

_____

2 Markiere in den beiden Sätzen das Prädikat. Kennzeichne die Verbklammer. ☐ /2 Punkte

Nach zwei Tagen haben die Astronauten die Internationale Raumstation erreicht.

Alexander Gerst nahm sich für seine Mission viel vor.

3 Bilde mit den folgenden Satzgliedern je einen vollständigen Satz ☐ /4 Punkte
mit Akkusativobjekt und Dativobjekt. Passe die Endungen an, wo nötig.

A die Astronautin – erklären – der Kollege – das Experiment

_____

B der Kollege – beschreiben – die Astronautin – der Versuch

_____

4 Prüfe deine Lösungen im Lösungsheft. Notiere deine Punkte und errechne deine Gesamtpunktzahl.

☺ **15–14 Punkte**	☺ **13–8 Punkte**	☹ **7–0 Punkte**
Gut gemacht! Du kennst dich sehr gut aus.	Gar nicht schlecht! Wo hattest du Schwierigkeiten? Wiederhole passende Übungen auf den Seiten 60–70.	Du solltest noch einmal üben! Arbeite die Seiten 60–70 noch einmal gründlich durch.

Rechtschreibstrategien und -regeln

1 a Schreibe die folgenden Nomen auf die Zeile und zeichne Silbenbögen ein. ⌣ ☐ /3 Punkte

die Sommerblumen ☐ die Winterhimmelwolke ☐ die Kamelkarawane ☐

b Notiere die Anzahl der Silben im Kästchen. ☐ /3 Punkte

2 In jedem Wort stecken zwei Nomen. Markiere sie durch einen Trennstrich. ☐ /5 Punkte

der Kamel|höcker   die Wunderkerze   die Sommersonne

die Federmappe   die Winterzeit

3 Ergänze den fehlenden Buchstaben und ein Verlängerungswort. ↪ ☐ /5 Punkte

b/p?	d/t?	g/k?
halb *halbe*	das Hem___ ___	der Zwer___ ___
der Die___ ___	das Gel___ ___	die Bur___ ___

4 a Zerlege die zusammengesetzten Wörter mit einem Strich in zwei einzelne Wörter. ⊕
b Wo musst du verlängern?
Notiere das Strategiezeichen und ein Verlängerungswort. ☐ /4 Punkte

⊕
die Berg|hütte _____   die Windstärke _____

der Schulfreund _____   der Hofhund _____

5 a Ergänze: *e* oder *ä*, *eu* oder *äu*?
b Notiere neben den Wörtern mit *ä* und *äu* ein verwandtes Wort mit *a* oder *au*. ⚡ ☐ /5 Punkte

die Stä__rke *stark* ___   die W__rke _____   ___ngstlich _____

die H__te _____   h__te _____   s__berlich _____

6 Einfacher Konsonant oder Doppelkonsonant?
Prüfe, ob die erste Silbe offen oder geschlossen ist, und ergänze die Lücken. ⌣ ☐ /7 Punkte

l/ll?	m/mm?	n/nn?	p/pp?
füh*l*__en	die Blu___e	re___en	hu___en
die Bri___e	su___en	ah___en	die Su___e

7 Werden diese Tiere mit *i* oder *ie* geschrieben? Ergänze die Lücken. ☐ /5 Punkte

die Z____ge   die B____ne   die Sp____nne   die L____belle   die Fl____ge

8 *ss* oder *ß*? Ordne die Wörter aus dem Kasten in die passende Liste ein. ☐ /8 Punkte

au ? en • drau ? en • be ? er • fra ? en • e ? en • wi ? en • die Stra ? e • fre ? en

ss: _____

ß: _____

9 a Groß oder klein? Prüfe jeden Satz und kreuze an, ob es darin einen Fehler gibt. ☐ /4 Punkte
   b Korrigiere die falsch geschriebenen Wörter auf den Zeilen unten.

mit Fehler

Der Tiger ist ein Gefährliches Raubtier mit gestreiftem Fell. .... ☐

Die raubkatze lebt in tropischen Wäldern, aber auch in kalten Gebieten. .... ☐

Ein Tiger schleicht sich immer von hinten an die Beute heran. .... ☐

Wusstet ihr, dass der Tiger ein guter schwimmer ist? .... ☐

_____

_____

10 Unterstreiche bei den hervorgehobenen Nomen das Artikelwort. ☐ /10 Punkte

Die **Menschen** verbrauchen große Mengen an Fleisch und Milch. Weltweit stehen deshalb Milliarden Rinder auf der **Weide.** Dies hat Folgen für das **Klima** auf der **Erde.** Jede Kuh rülpst nämlich bei der **Verdauung** und dabei setzt sie ein **Gas** frei: das **Methan.** Es steigt nach oben auf und bildet eine **Hülle,** durch die die **Wärme** nicht mehr von der Erde verschwinden kann. Das ist einer der Gründe, warum die **Temperaturen** weltweit steigen.

11 a Prüfe deine Lösungen mit Hilfe des Lösungsheftes. Trage deine Punktzahlen neben den Aufgaben ein.
   b Wie hast du die einzelnen Aufgaben bewältigt?
   Notiere in der Übersicht: ✓ das meiste richtig   ? = noch üben

Aufgabe	1 ☐	2 ☐	3 ☐	4 ☐	5 ☐
weitere Übungen	S. 74–75, 84	S. 78	S. 76, 84	S. 78, 79, 84	S. 81–82
Aufgabe	6 ☐	7 ☐	8 ☐	9 ☐	10 ☐
weitere Übungen	S. 88	S. 89–90	S. 91–93	S. 95–96	S. 95–96

Rechtschreibstrategien anwenden

Schwingen – Wörter in Silben sprechen

Methode	Wörter schwingen

- **Vor** dem Schreiben: **Sprich** die Wörter **deutlich in Silben. Zeichne Silbenbögen in die Luft.**
- **Beim** Schreiben: **Sprich** die Silben **leise mit.** Sprich nicht schneller, als du schreibst.
- **Nach** dem Schreiben: **Prüfe,** ob du richtig geschrieben hast.

Zeichne unter jede Silbe einen Silbenbogen und sprich dabei leise mit, z. B.: *die Son nen blu me.*

1 **a** Bereite die folgenden Wörter für ein Partnerdiktat vor:
Sprich die Wörter langsam in Silben und zeichne Silbenbögen in die Luft.

> das Sommerferienende • die Schlittenhunde • die Bananenschale • die Gewitterwolken •
> der Wintermantel • die Regentropfen • die Seifenblase • die Butterblume

b Lass dir die Wörter diktieren und schreibe sie in dein Heft. Sprich dabei die Silben leise mit.
Tipp: Zeichne als Hilfe Silbenbögen unter jede Silbe.
c Prüfe, ob du alles richtig geschrieben hast.

2 Ziehe die Silbenbögen unter die Wörter und notiere im Kästchen die Zahl der Silben.

das Bananenbrot	die Papageienfeder	der Zitronenfalter
der Wassermelonenkern	die Wunderkerze	der Sportunterricht

3 **a** Lies die Wörter halblaut vor und ziehe die Silbenbögen.
b Notiere neben jedem Wort die Zahl der Silben.

der Wetterbericht	die Piratenschiffe
die Bushaltestelle	das Schokoladentörtchen
die Tischtennisrunde	das Elefantengehege
der Tomatensalat	die Butterbrotdose

Elefantengehege

4 Übe die Wörter aus ▶ Aufgabe 3 im Eigendiktat.
Gehe so vor:

> 1. Wähle ein Wort aus.
> 2. Lies es halblaut vor.
> 3. Decke das Wort ab und schreibe es auf.
> 4. Prüfe die Schreibung.

Training: Wörter schwingen

Trainiere das Silbenschwingen und das deutliche Sprechen. Wähle Aufgabe 1, 2 oder 3.

1 **a** Schwinge die folgenden Wörter. Sprich die Silben leise mit.

> **sch**weben • schreiten • schimpfen • schwatzen • schaukeln • eigentlich • wirklich • furchtbar •
> welcher • zeichnen • sichten • suchen • machen

b Markiere die Stellen, an denen zwei oder drei Buchstaben für einen Laut stehen, z. B.: *sch, ch.*

2 Welche Wörter mit *ch* und *sch* verstecken sich in der Wortschlange?

a Sprich die Wörter deutlich und trenne sie durch Striche.

Gedicht|gemischt|französischGeschichtefrech
klatschendeutschdichHirschMenschBlechgleich
BuschfrischFleischFischtauschengerecht

b Schreibe die Wörter auf und markiere *ch* und *sch* in zwei Farben. Ergänze bei Nomen den Artikel.

das Gedicht, gemischt _____

_____

_____

3 **a** Markiere im Wortgitter die zehn Nomen mit *Pf/pf.* Schreibe sie auf die Linien. Ergänze den Artikel.

b Sprich die Nomen deutlich in Silben.

U	C	Z	P	F	E	I	F	E	V	Z
P	F	I	F	F	E	R	L	I	N	G
M	P	F	A	N	N	E	S	B	T	P
P	F	E	F	F	E	R	M	I	N	Z
Y	P	F	I	R	S	I	C	H	K	Ö
P	V	G	U	J	W	P	F	E	I	L
Y	T	P	F	A	U	P	F	E	R	D
Y	G	W	K	P	F	A	N	D	X	R
P	F	U	N	D	K	Y	C	N	U	P

_____   _____

_____   _____

_____   _____

_____   _____

_____   _____

4 **a** Lies und sprich den Zungenbrecher.

b Markiere *Pf/pf.*

Fünf pfeifende Pferdepfleger pflücken fünfzehn Pfund Pfirsiche.

c Schreibe den Satz ins Heft ab.
Prüfe die Schreibung Wort für Wort.

Verlängern – Einsilbige Wörter

> **Methode** ▶ **Einsilber verlängern und schwingen**
>
> - Am Ende eines einsilbigen Wortes klingen **d** oder **t, g** oder **k, b** oder **p** gleich, z. B.: *der Weg.*
> - Beim Schwingen kann man aber jeden Buchstaben deutlich hören, z. B.: *die We ge.*
> - Damit man einen Einsilber schwingen kann, **verlängert** man das Wort um eine Silbe, z. B.:
>
> **Nomen:** *der Wald – die Wäl der*   **Verben:** *er lobt – wir lo ben*   **Adjektive:** *grob – grö ber als*

1 **a** Lies die Wörter. Markiere die Stelle, an der man anders schreibt, als man spricht.

der Freund   die Freunde _____   das Band _____   der Zug _____

der Weg _____   der Tag _____   der Strand _____

der Rand _____   das Kind _____

> die Ränder • die Tage •
> ~~die Freunde~~ • die Wege •
> die Kinder • die Züge •
> die Strände • die Bänder

b Notiere hinter jedem Wort ein passendes Verlängerungswort aus dem Kasten.

2 **a** Ergänze die fehlenden Reimwörter.
 b Markiere den unklaren Buchstaben in allen Wörtern.

es **lebt**   wir leben _____

sie h_____

das **Land**_____

die W_____

klug_____

der Z_____

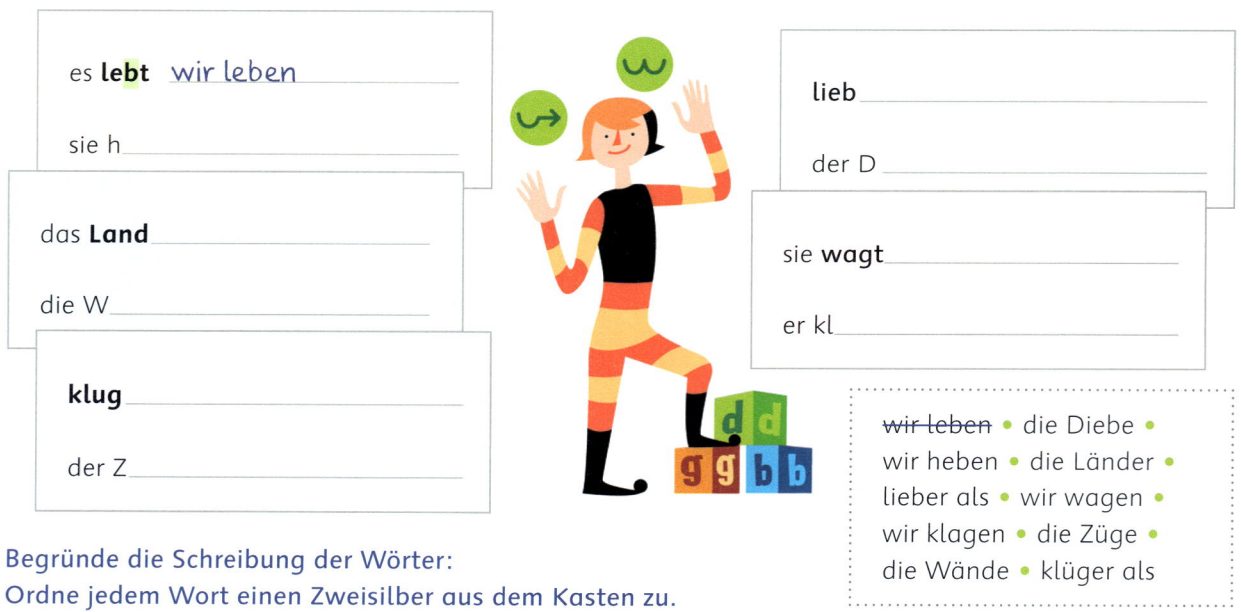

lieb_____

der D_____

sie **wagt**_____

er kl_____

> ~~wir leben~~ • die Diebe •
> wir heben • die Länder •
> lieber als • wir wagen •
> wir klagen • die Züge •
> die Wände • klüger als

c Begründe die Schreibung der Wörter:
Ordne jedem Wort einen Zweisilber aus dem Kasten zu.

➕ 3   Wie kann man Wörter verlängern? Lies die Tipps und ergänze passende Wörter aus dem Kasten.

Adjektive verlängert man, indem man sie mit „_____" steigert.

> Plural • als • wir

Bei **Nomen** bildet man den _____.

Verben verlängert man mit Hilfe der „_____"-Form.

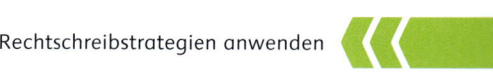

Verlängern – Zweisilbige Wörter

Methode	Zweisilber verlängern und schwingen

- Auch bei einigen **zweisilbigen Wörtern** hört man das Ende nicht deutlich, z. B.: *der Aufzug.*
- Wenn man sie **verlängert,** kann man die richtige Schreibweise hören, z. B.: *die Auf zü ge.*

1 a Schwinge die zweisilbigen Wörter. Markiere die Stelle, an der du anders schreibst, als du sprichst.

Wörter mit _____	Wörter mit _____	Wörter mit _____
der Anschub die Anschübe	gesund _____	der Anzug _____
der Urlaub _____	der Abend _____	der Ausflug _____
der Betrieb _____	das Freibad _____	winzig _____

b Ordne den Wörtern diese Verlängerungswörter zu.

> winziger als • gesünder als • die Freibäder • die Ausflüge •
> die Anzüge • die Urlaube • die Betriebe • ~~die Anschübe~~ • die Abende

c Welche Aussagen treffen zu? Kreuze sie an.

☐ Verlängern bedeutet z. B., aus einem Wort mit zwei Silben
ein Wort mit drei Silben zu bilden.

☐ Im zweisilbigen Wort kann man immer jeden Buchstaben hören.

☐ Im zweisilbigen Wort kann das Wortende unklar sein.

2 Welche Nomen werden hier gesucht? Löse das Rätsel!
a Lies die Nomen im Kasten und die Umschreibungen.
b Trage die Nomen passend im Gitter ein.

> der Honig • die Lösung •
> der Ausflug • der Montag •
> der Gepard • der Abgrund

senkrecht

1 Der erste Tag der Woche heißt ? .
3 Am Berg gibt es einen gefährlichen
 ? .
4 Die ? des Rätsels ist nicht schwer.

waagerecht

2 Die schnellste Raubkatze der Welt
ist der ? .
5 Die Klasse macht einen ? in den Zoo.
6 Ohne Bienen gäbe es keinen ? .

c Beweise die Schreibweise im Heft, indem du die Nomen verlängerst, z. B.:
der Montag – die Montage.

Zerlegen – Zusammengesetzte Wörter

Methode ▶▶ **Zusammengesetzte Wörter zerlegen**

Zusammengesetzte Wörter bestehen aus mehreren **Einzelwörtern.**
Wenn man sie **schwingt,** kann man sie richtig schreiben.
Wenn man zusammengesetzte Nomen in Einzelwörter zerlegt, kann man ihre Bedeutung erschließen.
Der Artikel richtet sich immer nach dem hinteren Wort, z. B.: *das Eis* + *der Bär* → *der Eisbär.*

1 **a** Bilde aus den Nomen zusammengesetzte Wörter.
 b Sprich die zusammengesetzten Wörter deutlich und ziehe die Silbenbögen.

der Winter + die Mütze → die Wintermütze   der Zopf + die Spange → die _____

der Apfel + der Saft → der _____   die Musik + die Stunde → die _____

der Sommer + der Regen → der _____   das Tennis + die Halle → die _____

2 **a** Lies den Text. Beschrifte die Bilder mit den passenden Tiernamen.

Zusammengesetzte Namen von Lebewesen sagen oft etwas über das Tier aus. Hinten findet man die Tierart und das vordere Wort verweist auf das Aussehen oder auf eine Besonderheit des Tiers, z. B.: der Fischotter, die Wasserspinne oder die Kragenente.
In den Weltmeeren schwimmen der Fetzenfisch und der Hammerhai.

_____   _____

 b Im Text sind sieben zusammengesetzte Nomen markiert. Schreibe sie mit ihrem Artikel auf.
 c Zeichne Trennstriche ein wie im Beispiel.

die Tier|art, _____

_____

+ **3** Auch bei Pflanzennamen gibt es oft Zusammensetzungen. Schreibe die Blumenarten mit Artikel auf.

der Stern • die Butter • das Korn • der Mohn   die Blume

die Sternblume, _____

Zerlegen – Verlängerungsstellen finden

Methode ▷▷ **Zusammengesetzte Wörter zerlegen und verlängern**

- In zusammengesetzten Wörtern können sich **Verlängerungsstellen** verstecken.
- Unklare Auslaute und Einsilber findet man, indem man die Wörter zerlegt und dann verlängert,

  z. B.: *der Wald | weg – die Wälder* und *die Wege, die Schreib | weise – schreiben.*

1 **a** Zerlege die zusammengesetzten Wörter wie im Beispiel.

b Setze das Verlängerungszeichen an die richtige Stelle und ergänze ein zweisilbiges Wort.

die Schild|kröte   die Schilder _____   das Zwergkaninchen _____

das Flughörnchen _____   die Bergziege _____

das Wildschwein _____   der Mondfisch _____

2 **a** Lies die Wörter in den Kästen. Markiere unklare Stellen bei den Wörtern im ersten Kasten.

b Verbinde mit Pfeilen jeweils ein Wort aus dem ersten und dem zweiten Kasten,
sodass sinnvolle Zusammensetzungen entstehen.

das Land	der Sessel
die Hand	die Karte
der Berg	die Bahn
der Abend	der Himmel
der Korb	die Tasche

c Schreibe die zusammengesetzten Wörter mit ihrem Artikel auf. Ergänze die Verlängerungswörter.
Tipp: Der Artikel bei Zusammensetzungen richtet sich nach dem hinteren Wort, z. B.:
das Land + die Karte = die Landkarte

die Land|karte – die Länder, _____

_____

3 Welche Aussagen stimmen? Kreuze sie an.

☐ In zusammengesetzten Wörtern können sich Verlängerungsstellen befinden.

☐ Bei zusammengesetzten Nomen richtet sich der Artikel immer nach dem hinteren Wort.

☐ Bei zusammengesetzten Nomen richtet sich der Artikel immer nach dem vorderen Wort.

4 Bilde mit den Nomen aus ▶Aufgabe 2 neue zusammengesetzte Wörter, z. B.: der Handschuh.

_____

_____

Ableiten – Wörter mit *ä*

> ### Methode ▸ Wörter mit *ä* ableiten
>
> - Die Vokale *e* und *ä* klingen ähnlich und sind daher leicht zu verwechseln.
> - **Normalerweise** schreibt man *e.*
> - Man schreibt *ä*, wenn es verwandte Wörter mit *a* gibt, z. B.: *die Kälte – kalt.*

1 Die folgenden Reimwörter werden unterschiedlich geschrieben.
  a Markiere die Vokale, die gleich klingen, aber unterschiedlich geschrieben werden.
  b Begründe die Schreibweise der Wörter mit *ä:* Notiere ein verwandtes Wort mit *a.*

sich bessern wässern – denn: das _____	klemmen kämmen – denn: _____
lecker der Bäcker – denn: _____	die Wende die Wände – denn: _____

2 Wörter einer Wortfamilie behalten ihre Schreibweise bei.
Sortiere die Wörter im Kasten nach ihrer Familie.

> ~~ängstlich~~ • länger • ändern • zählen • verängstigt • zählbar • verändern • die Verlängerung •
> die Änderung • (sich) verzählen • beängstigend • die Ängste • am längsten • verlängert • änderbar

die Angst: ängstlich _____

anders: _____

die Zahl: _____

lang: _____

3 Welche Wörter mit *a* verstecken sich in den folgenden Wörtern?
Wähle passende Wörter aus dem Kasten und notiere sie auf der Linie.

das Gepäck   packen _____   die Hauswände _____

die Bundesländer _____   der Ärmel _____

färben _____   die Erklärung _____

> der Arm • zart • die Wand • das Land • ~~packen~~ • die Farbe • klar • malen • fahren

⊕ 4 Wähle drei Wörter aus ▸ Aufgabe 3 aus. Schreibe mit jedem Wort einen sinnvollen Satz in dein Heft.

Ableiten – Wörter mit *äu*

Methode	Wörter mit *äu* ableiten

- Die Laute **eu** und **äu** klingen gleich.
- **Normalerweise** schreibt man **eu.**
- Man schreibt **äu,** wenn es **verwandte Wörter** mit **au** gibt, z. B.: *die B**äu**me – der B**au**m.*

1 **a** Lies die Wörter. Markiere die Vokale, die gleich klingen.
b Begründe die Schreibweise der Wörter durch ein Beweiswort mit *au*.

beugen – aber: läuten, denn: _____   heute – aber: die Häute, denn: _____

die Beute – aber: die Bräute, denn: _____   die Seuche – aber: die Bäuche, denn: _____

2 **a** In dem Wortgitter findest du zehn Wörter mit *äu*. Markiere sie.
b Ordne die Wörter ihrer Wortfamilie zu. Ergänze bei Nomen den Artikel.

V	E	R	T	R	Ä	U	M	T	Ä	J	I
R	Ä	U	B	E	R	M	P	N	T	E	R
U	G	X	S	Ä	U	R	E	L	R	T	Ä
T	R	Ä	U	M	C	H	E	N	C	M	Q
H	S	Ä	U	B	E	R	N	X	P	E	B
Ä	L	G	E	S	Ä	U	B	E	R	T	Ö
B	V	O	S	Ä	U	E	R	L	I	C	H
C	R	Ä	U	B	E	R	I	S	C	H	T
Ö	D	R	T	R	Ä	U	M	E	N	D	R
K	L	S	Ä	U	B	E	R	L	I	C	H

sauber: _____

_____

sauer: _____

der Traum: **verträumt,** _____

_____

rauben: _____

3 Welche Wörter mit *au* verstecken sich in den folgenden Wörtern?
Ergänze passende Wörter aus dem Kasten auf den Zeilen.

die Äußerlichkeit **außen** _____   die Kräuter _____

die Häufigkeit _____   die Fäustlinge _____

die Mäusefamilie _____   die Albträume _____

häuslich _____   schädlich _____

> ~~außen~~ • das Haus • der Haufen • die Faust • der Traum • die Maus • der Schaden • das Kraut

+ **4** Notiere Wörter mit *äu* und *au* aus der Wortfamilie „Raum", z. B.: der Raum, einräumen, …

Im Wörterbuch nachschlagen

Die Wörter im Wörterbuch sind nach dem Alphabet geordnet. Wörter mit demselben Anfangs-
buchstaben werden nach dem zweiten Buchstaben geordnet. Sind die ersten beiden Buchstaben
gleich, wird nach dem dritten Buchstaben geordnet usw., z. B.: *st**a**rk – der St**ei**n – st**ü**rmisch.*

1 Die 26 Buchstaben des Alphabets
sind durcheinandergeraten.
a Trage sie geordnet von A–Z in das
Schema ein.
b Markiere die fünf Vokale.

A						
						Z

2 Ordne die Tiere in den beiden Reihen nach dem Alphabet.

A der Gorilla • ~~die Ameise~~ • der Maulwurf • der Büffel • das Nashorn • der Papagei

die Ameise, _____

B die Amsel • der Adler • die Antilope • die Anakonda • ~~der Aal~~

der Aal, _____

3 Untersuche die Wörterbuchseite.
a Gib an, welche Wörter man in diesem Auszug findet.

Der Auszug enthält die Wörter von „Trick" bis „_____".

b Welche Informationen
kann man zu den
Stichwörtern finden?
Ordne die Erklärungen
im Kasten passend den
markierten Stellen zu.
c Beantworte mit
Hilfe des Wörterbuch-
eintrags:

das Stichwort
der Artikel (Genus)
die Genitiv- und Pluralendung (bei Nomen)
die Silbentrennung
die Bedeutung des Wortes
umgangssprachliches Wort
Fremdwort aus dem Französischen
Fremdwort aus dem Englischen

Trick, der; -s, -s ⟨engl.⟩ (Kunst-
griff; Kniff; List); **Trick|auf|nah-
me**
**Trick|be|trug; Trick|be|trü|ger;
Trick|be|trü|ge|rin**
**Trick|dieb; Trick|die|bin; Trick|dieb-
stahl**
Trick|film; Trick|kis|te *(ugs.)*
trick|reich
Trick|schi|lau|fen *vgl.* Trickski-
laufen
trick|sen *(ugs. für* mit Tricks
arbeiten, bewerkstelligen);
Trick|ser *(ugs.);* **Trick|se|rei** *(ugs.)*
Trick|ski|lau|fen, Trick|schi|lau-
fen, das; -s (Sportart, bei der
auf besonderen Skiern artistische Sprünge, Drehungen u. Ä.
gemacht werden)
Trick|tech|nik
Trick|track, das; -s, -s ⟨franz.⟩ (ein
Brett- u. Würfelspiel)
tri|cky [...ki] ⟨engl.⟩ *(ugs. für*
trickreich)
Tri|cot (in dieser franz. Schrei-
bung schweiz. neben Trikot)
Tri|dent, der; -[e]s, -e ⟨lat.⟩ (Drei-
zack)

Was ist ein Tricktrack? _____

Aus welcher Sprache kommt das Wort? _____

Aus welchen Silben besteht das Wort? _____

Wie lautet der Genitiv? _____

+ 4 Was ist ein Trident? Suche das Stichwort in dem Auszug und in deinem eigenen Wörterbuch.
Vergleiche die Angaben und notiere eine Erklärung in dein Heft.

Richtig abschreiben

1 **a** Lies den Text aufmerksam.

Das Mauswiesel

Das Mauswiesel | ist das kleinste | räuberische Säugetier.

Die zierlichsten Exemplare sind nur etwa 13 Zentimeter lang und wiegen so viel wie drei

2-Euro-Münzen. Die größten haben eine Länge von ungefähr 35 Zentimetern.

Das hübsche Mauswiesel jagt bevorzugt Feldmäuse und Wühlmäuse. Durch ihren länglichen

Körperbau können sich die kleinen Marder auch in unterirdischen Mäusegängen wieselflink

bewegen. Sie haben einen hohen Energiebedarf. Deshalb sind sie an Lebensräume mit hoher

Mäusedichte gebunden: trockene Wiesen, Feldraine, aber auch lichte Wälder mit ausrei-

chend Unterholz. Unterschlupf finden sie unter Baumwurzeln, in Felsspalten, Baumlöchern

oder den Gängen anderer Tiere.

b Welche Aussagen stimmen? Kreuze an.

A ☐ Das Mauswiesel ist das kleinste Säugetier überhaupt.

B ☐ Es ist zwischen 13 und 35 cm lang.

C ☐ Es muss viel fressen und lebt deshalb da, wo viele Mäuse sind.

D ☐ Es versteckt sich in Vogelnestern.

> **Tipp:** Wenn du einen Text abschreiben willst, solltest du seinen Inhalt gut kennen.

2 **a** Lies den Text noch einmal. Lies auch die Satzzeichen mit.
b Markiere die Satzzeichen.
c Umkreise Wörter, die du schwierig findest.
d Schwinge die schwierigen Wörter. Trage Silbenbögen ein.
e Markiere in den umkreisten Wörtern die schwierigen Stellen.

> **Tipp:** Bereite das Abschreiben vor: Schwinge schwierige Wörter. Markiere Stellen, die dir besonders schwierig scheinen.

3 **a** Markiere im Textabschnitt A sinnvolle Wortgruppen mit senkrechten Trennstrichen. Drei Beispiele sind vorgegeben.
b Schreibe den gesamten Text in Wortgruppen ab.

> **Tipp:** Texte schreibst du Wortgruppe für Wortgruppe ab. Leises Mitsprechen hilft.

4 **a** Lies deine Abschrift aufmerksam und Silbe für Silbe. Verbessere, wenn nötig.
b Überprüfe die Satzzeichen.

> **Tipp:** Kontrolliere zum Schluss, was du geschrieben hast.

Texte überarbeiten mit Strategien

Trainiere die Anwendung der Strategien.
Wähle Aufgabe 1, 2 oder 3.

1 **a** Lies den Text halblaut vor. Sprich die Wörter deutlich in Silben.
   b Ziehe Silbenbögen unter die blau markierten Wörter.
   c In fünf Wörtern sind schwierige Wortstellen markiert.
   Notiere im Kreis jeweils das passende Strategiezeichen:

Der Wiedehopf

Der Wiedehopf ist ein Vogel, den jedes Kin**d** aus dem Lie**d** die „Die Vogelhochzeit" kennt.

Da singt man: „Er bringt der Braut 'nen Blumentopf, fidirallala, fidirallala, fidirallalalala."

Den S**ä**ngern ist der Name des Vogels zwar gut bekannt, der Wiedehopf ist im Wal**d** heute

aber leider nur noch selten anzutreffen. Denn er gehört zu den gef**ä**hrdeten Tierarten.

2 **a** Welche Strategien helfen dir, die markierten Wörter richtig zu schreiben? Ergänze die passenden Zeichen.
   b Notiere die Beweiswörter in der Zeile darunter.

Der Wiedehopf ist ein kleiner Vogel, der sofort **auffällt**: Sein Gefieder leuchtet in einem orange-

braunen **Farbton.** Die Flügel und die Schwanzfedern zieren schwarz-weiß gestreifte **Bänder.**

Das Besondere an ihm ist aber, dass er **prächtige** Federn auf dem Kopf **trägt,** die er zu einem

Fächer aufstellen **kann.** Diesen Kopfschmuck **zeigt** er bei Aufregung.

3 **a** Markiere die Fehler in den acht markierten Wörtern und notiere jeweils das hilfreiche Strategiezeichen.
   b Korrigiere die Fehlerwörter im Heft und ergänze Beweiswörter, z. B.: *Zug|vogel – Zug, Züge.*

Vorsicht Fehler!

Der Wiedehopf ist ein Zukvogel, der im Herbst nach Süden fliekt. Er ernehrt sich von Würmern

oder Feltgrillen. Sein langer Schnabel hilft dem Vogel bei der Jakd. Er ertastet damit Insekten

im Boden, verfolkt sie und erweitert die Löcher, indem er mit dem Schnabel im Boden im Kreis

herumleuft. Große Insekten schlegt er gegen einen Stein, bevor er sie frisst.

Die Strategien anwenden

1 a Vorsicht, Flüchtigkeitsfehler! ☐ /4 Punkte
Schwinge die Wörter und markiere die Fehlerstelle. ⌣
b Schreibe die Wörter korrigiert auf.

> die Zimmerpflnze • die Paketsendng • der Klassnraum • die Feuerstele

2 Ergänze die Lücken und notiere die Verlängerungswörter. ↬ ☐ /9 Punkte

b oder p?   der Kor____   lie____   das Sie____

d oder t?   das Ra____   run____   glänzen____

g oder k?   der Zwer____   witzi____   billi____

3 Erkläre die Schreibweise der Wörter: Zerlege die Wörter, ☐ /8 Punkte
markiere die Verlängerungsstelle und notiere das Verlängerungswort. ⍦

der Korbsessel _____   der Raubvogel _____

der Schreibtisch _____   das Bergdorf _____

4 e/ä oder eu/äu? – Hier wurden manche Wörter falsch geschrieben. ☐ /8 Punkte
Markiere die Fehlerstellen und notiere die Ableitungswörter mit a und au. ⚡

> glenzen • prechtig • vertreumt • aufreumen

5 Prüfe deine Lösungen mit Hilfe des Löungsbeilegers und zähle deine Punkte zusammen.

☺ 29–28 Punkte	😐 27–11 Punkte	☹ 10–0 Punkte
Sehr gut! Was möchtest du trotzdem wiederholen?	Nicht schlecht! Welche Strategien musst du weiter trainieren?	Du solltest weiter üben! Welche Strategien erscheinen dir wichtig?

Rechtschreibregeln anwenden

Offene und geschlossene Silben unterscheiden

1 Lies die Silbenreihen. Setze die Silbenbögen so fort, dass die folgenden Vorgaben stimmen:
– In Reihe A sind **alle Silben offen.**
– In Reihe B **wechseln sich offene und geschlossene Silben ab.**

A l a l i k u r o m i m o s u l u k a r u t a t u r i r o b e b o
offen – offen – offen – ...

B p a l i m p a l o m s a s u m t a r i m p r u r o m t a t o m
offen – geschlossen – offen – geschlossen – ...

2 a Unterstreiche in den folgenden Wörtern alle ersten Silben, wenn sie offen sind. (Umkreise) sie, wenn sie geschlossen sind.

> die Schule • der (Gar)ten • die Berge • die Welten • das Auto • die Herzen • die Oma • die Kinder •
>
> helfen • schreiben • laufen • geben • merken • denken • holen • graben • mögen • selten

b Schreibe die Wörter geordnet auf.

Wörter, in denen die erste Silbe offen ist: _____

_____

Wörter, in denen die erste Silbe geschlossen ist: _____

_____

3 a Im Wortgitter findest du in jeder Zeile eine Tierart. Markiere sie.
b Schreibe die acht Nomen mit ihrem Artikel auf.
c Unterstreiche die erste Silbe, wenn sie offen ist. Umkreise sie, wenn sie geschlossen ist.

der (Ad)ler, _____

_____

_____

_____

L	Ä	R	A	D	L	E	R	G	G
L	Ä	R	L	A	D	L	Ö	W	E
X	H	B	Y	O	H	A	S	E	V
O	G	K	R	A	N	I	C	H	V
P	P	A	N	T	H	E	R	X	P
S	S	C	H	L	A	N	G	E	U
W	F	A	M	S	E	L	A	C	C
U	L	D	C	Y	K	A	M	E	L

Doppelkonsonanten – Auf die erste Silbe achten

> **Information** ⟩⟩ **Doppelkonsonanten in zweisilbigen Wörtern**
>
> **Doppelkonsonanten** schreibt man **nur, wenn die erste Silbe geschlossen** ist. Stehen an der Silbengrenze zwei verschiedene Konsonanten, verdoppelst du **nicht,** z. B.: *die Wol **k**e.*
> Hörst du nur einen Konsonanten, wird er doppelt geschrieben, z. B.: *die Mu**t t**er.*

1 Bei Wörtern aus zwei Silben ist die Grenze zwischen den Silben wichtig.

a Untersuche die Wörter und unterstreiche die erste Silbe, wenn sie offen ist.

> <u>schrei</u>ben • raten • bitten • quaken • rattern • wollen • schlafen

b Schreibe die Wörter geordnet auf.

Wörter mit offener erster Silbe: schreiben, _____

Wörter mit geschlossener erster Silbe: _____

c Welche Aussage stimmt? Kreuze die richtige Antwort an:

☐ Doppelkonsonanten schreibt man nur, wenn die erste Silbe geschlossen ist.

☐ Doppelkonsonanten schreibt man, wenn die erste Silbe offen ist.

2 a Lies die Wörter und ziehe die Silbenbögen.

b Markiere zwei verschiedene Konsonanten an der Silbengrenze farbig.

> stimmen • stolpern • können • hinken • bellen • summen • helfen • schwimmen • falten

c Ordne die Wörter in den richtigen Kasten ein.

zwei verschiedene Konsonanten	Doppelkonsonanten
stolpern,	stimmen,

3 Hier verstecken sich Verben, bei denen die erste Silbe geschlossen ist. Ordne sie richtig ein:

~~bin~~ • wer • stür • hin → men • ~~den~~ • dern • den

~~es~~ • käm • ret • fal → ~~sen~~ • len • men • ten

zwei verschiedene Konsonanten	Doppelkonsonanten
binden,	essen,

Doppelkonsonanten in Verben

> **Information** >> **Doppelkonsonanten in flektierten (veränderten) Verben**
>
> Um die Regel für die Doppelkonsonanten anzuwenden, muss man manche Verbformen verlängern,
> z. B.: *er rennt* – denn: *wir rennen.*

Wähle Aufgabe 1, 2 oder 3.

1 Setze ein: doppelter oder einfacher Konsonant?
Ergänze jeweils die *wir*-Form des Worts als zweisilbiges Verlängerungswort.

m oder mm? es brumm t – denn: wir brummen   es schwi____t – denn: wir _____

          es ko____t – denn: wir _____   sie lär____t – denn: wir _____

p oder pp? er ti____t – denn: wir _____   es pie____t – denn: wir _____

          sie sto____t – denn: wir _____   er ta____t – denn: wir _____

2 Verben im Präteritum können Bausteine haben.
Trennt man sie ab, findet man Verlängerungsstellen, z. B.: *er soll(te)* – denn: *wir sollen.*
Entscheide, ob in den Wörtern ein Doppelkonsonant steht. Ergänze die *wir*-Form als zweisilbiges
Verlängerungswort.

l/ll: sie wo____te – denn: wir _____   sie be____te – denn: wir _____

      er sche____te – denn: wir _____   er schä____te – denn: wir _____

n/nn: sie na____te – denn: wir _____   sie ka____te – denn: wir _____

      er ra____te – denn: wir _____   er pfla____zte – denn: wir _____

3 Im Perfekt haben die Verben eine Vorsilbe.
Umkreise die Vorsilbe *ge-*. Suche dann die Verlängerungsstelle am Ende der Verbform,

z. B.: *sie hat(ge)konnt* – denn: *wir können.*
Entscheide, ob in den Wörtern ein Doppelkonsonant steht. Beweise die Schreibung mit der *wir*-Form.

l/ll: er hat (ge)wo____t – denn: wir _____   er hat gebe____t – denn: wir _____

      sie hat gezäh____t – denn: wir _____   es hat gesche____t – denn: wir _____

n/nn: er hat gena____t – denn: wir _____   er hat geka____t – denn: wir _____

      sie hat geza____kt – denn: wir _____   sie ist ge ra____t – denn: wir _____

i oder *ie?* – Auf die erste Silbe achten

> **Information** ⟩⟩ **Wörter mit *ie***
>
> - Zweisilbige Wörter schreibst du mit **ie,** wenn die **erste Silbe offen** ist, z. B.: *frie ren*.
>   Das **-ie** wird lang gesprochen. Das gilt nur für deutsche Wörter.
> - **Einsilbige Wörter** musst du erst verlängern, z. B.: *das Tier – die Tie re*.
> - **Zusammengesetzte Wörter** musst du zerlegen, z. B.: *ein frie ren*.
> - Wenn die **erste Silbe geschlossen** ist, schreibst du **immer** *i*, z. B.: *der Him mel*.

1 **a** Ziehe die Silbenbögen unter die Wörter.
   b Unterstreiche die erste Silbe, wenn sie offen ist. Umkreise sie, wenn sie geschlossen ist.

> siegen • sinken • singen • kriegen • sieben • hinken • die Fliegen • der Winter

   c Sortiere die Wörter in die Tabelle ein.

Wörter mit *i*	Wörter mit *ie*
sinken	siegen

   d Streiche in der Regel zur *ie*-Schreibung das falsche Wort.

> In zweisilbigen Wörtern schreibt man **ie** nur, wenn die erste Silbe **offen/geschlossen** ist.

2 Finde Reimwörter mit *ie*.

liegen • die Z _____ • w _____

lieben • s _____ • sch _____

dienen • die B _____ • die Sch _____

3 *i* oder *ie?*
   Lies den Text und ergänze die Lücken mit Hilfe der Regel.

Schneewi___ttchen war ein l___bes K___nd. Ihre Stiefmutter wollte sie töten lassen, aber die s___ben

Zwerge l___ßen sie bei sich wohnen. Dem Mädchen gef___l es so gut, dass es dort bl___b. Ein Sp___gel

sagte der Königin, wo sich die Pr___nzessin aufh___lt. Sie kam mit einem g___ftigen Apfel …

4

a Markiere im Wortgitter neun einsilbige Verbformen mit *ie*.

b Beweise die Schreibung der Einsilber durch Verlängern wie im Beispiel.

er zielt – wir zielen _____

sie zieht – wir _____

er _____

_____

_____

_____

Z	I	E	L	T	L	I	J	V	W
Q	X	O	Y	Z	I	E	H	T	O
W	F	R	I	E	R	T	K	X	A
G	B	I	E	G	T	Q	U	E	I
S	I	E	G	T	L	D	K	Z	Ö
D	I	E	N	T	F	N	U	Ö	X
M	Z	R	I	E	C	H	T	E	X
W	I	E	G	T	R	R	P	D	G
J	S	T	L	I	E	G	T	F	L

5

a Markiere jeweils die einsilbigen Wörter oder Wortbestandteile mit *ie*.

b Ergänze eine zweisilbige Form als Beweiswort.

der <mark>Ziel</mark>lauf *die Ziele* _____   das Herbstlied _____

lieblich _____   der Diebstahl _____

schließlich _____   friedlich _____

6   Setze ein: *ie* oder *i*?

Der Bienenfresser

Man übers*ie*ht den B____nenfresser kaum,

da sein buntes Gef____der auffällig leuchtet.

Der Vogel wird nur etwa 28 Zent____meter

groß. Im Herbst legt er r____ige Strecken

5 zurück. Er verbr____ngt den ganzen

W____nter in Afr____ka und kommt erst im

Frühjahr w____der zurück. Der Vogel ernährt sich von Insekten, die er beim Fl____gen aus

60 Meter Entfernung erkennen kann. Dass die B____nen dabei ihr G____ft absondern, stört den

Vogel nicht. Denn es ist bei ihm völlig w____rkungslos. Durch d____se Besonderheit kam das

10 T____r zu seinem ungewöhnlichen Namen.

s oder ß – Stimmhaft oder stimmlos?

> **Information**   s oder ß
>
> Man schreibt **s** oder **ß**, wenn in einem **zweisilbigen** Wort **die erste Silbe offen** ist.
> Spricht man den s-Laut **stimmhaft (summend)**, schreibt man **s**, z. B.: *rasen*.
> Spricht man den s-Laut **stimmlos (zischend)**, schreibt man **ß**, z. B.: *außen*.
> Wenn du den Unterschied zwischen stimmhaft und stimmlos nicht hören oder beim Sprechen mit
> der Hand an deinem Kehlkopf fühlen kannst, musst du dir die richtige Schreibung einprägen.
>
> **Einsilber** muss man verlängern, z. B.: *er heißt – heißen, er rast – rasen,*
> **zusammengesetzte Wörter** zerlegen und bei Bedarf verlängern, z. B.: *die Heiß|luft – heißer.*
> **Tipp:** Wörter mit s-Laut am Ende, die man nicht verlängern kann, werden immer mit **s** geschrieben.

1 **a** Welche Verben mit ß und s stecken in der Wortschlange?
Trenne sie mit Linien ab.

lesen|heißensprießentosenspaßenkreisenlosenstoßenreißenrasen

b Ordne die Verben in die Liste ein.

Wörter mit s	Wörter mit ß
lesen,	heißen,

c Welche Regeln passen zu den Wörtern in der Tabelle?
Streiche jeweils das falsche Wort in den folgenden Aussagen.
s: Die erste Silbe ist **offen/geschlossen.**   **ß:** Die erste Silbe ist **offen/geschlossen.**
   Den s-Laut spricht man **stimmhaft/stimmlos.**   Den s-Laut spricht man **stimmhaft/stimmlos.**

2 Ergänze s oder ß. Notiere ein Verlängerungswort.

Der Gra<u>s</u>|frosch sitzt neben dem Teich im Gra<u>s</u>. – denn: <u>die Gräser</u>

Mein Flo____ schwimmt im Bach, der ruhig flie____t. – denn: _____ und _____

Wenn es hei____ ist, dö____t der Leopard im Schatten. – denn: _____ und _____

3 Hier verstecken sich acht Wörter, die immer mit **s** geschrieben werden.
Lies die Buchstaben von hinten nach vorn und schreibe die Wörter auf.

sua <u>aus</u>_____   se _____   sella _____   sla _____

sawte _____   saw _____   sredna _____   sib _____

ß – der besondere Buchstabe

1 Trage diese Wörter mit ß passend in das Wortgitter ein. Lies dazu die Umschreibungen 1 bis 7.

> **waagerecht:** draußen • fließen • heißen • grüßen
> **senkrecht:** spaßen • beißen • stoßen • gießen

waagerecht (→):
2 einen Namen haben
4 „hallo" sagen
6 nicht drinnen
7 Bewegung des Wassers

senkrecht (↓):
1 mit den Zähnen schnappen
3 Witze machen, scherzen
4 bewässern
5 mit Kraft nach vorne drücken

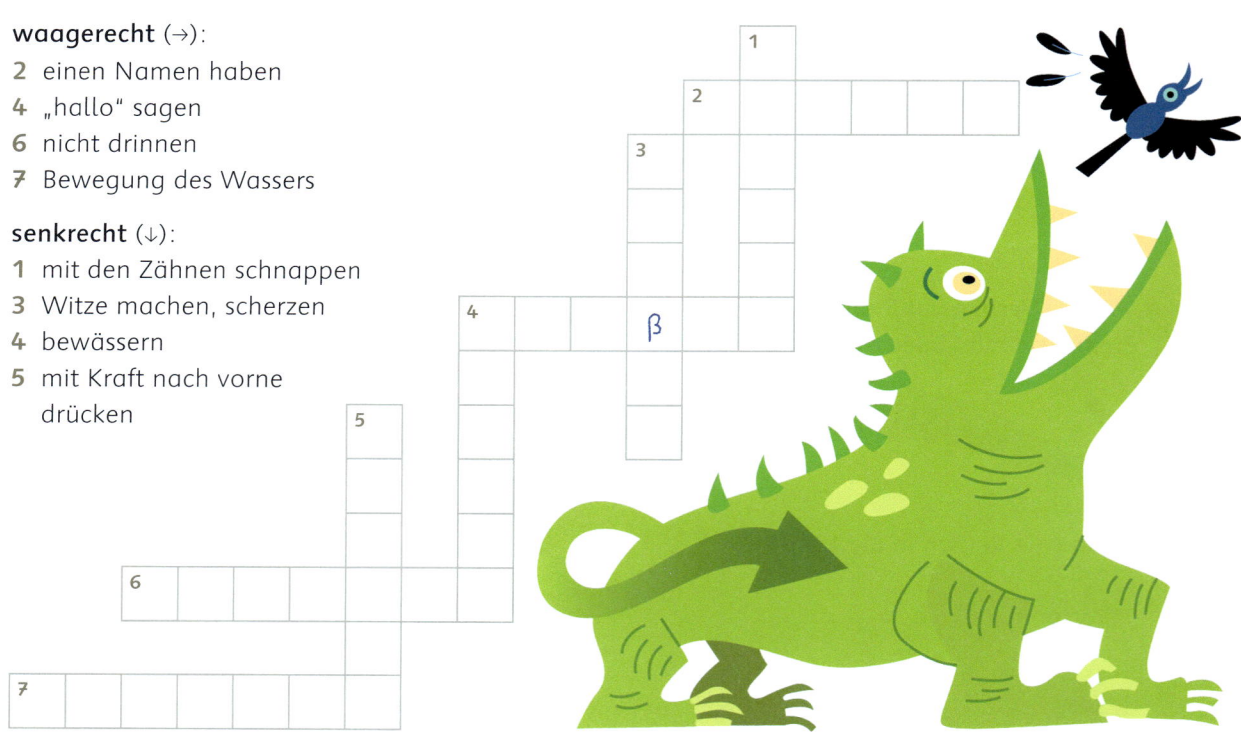

2 Welche Verlängerungswörter verstecken sich in diesen Wortzusammensetzungen? Gehe vor wie im Beispiel.

das Meter|maß   _das Maß, die Maße_   die Reißzähne _____

der Weiß|kohl _____   der Spaßmacher _____

das Tongefäß _____   der Blumenstrauß _____

die Grußkarte _____   die Süßkartoffel _____

3 Ergänze die Lücken in den folgenden Sätzen.

Zum Geburtstag habe ich einen sü____en Kartengru____ bekommen.

Omas Klö____e schmecken gut und auch die So____e ist lecker.

Der Wolf knurrt bedrohlich und zeigt seine Rei____zähne.

Turnen macht mir viel Spa____, Fu____ball spiele ich dagegen äu____erst ungern.

Der Strau____ ist der grö____te lebende Vogel der Erde.

Training: *s*-Laute richtig schreiben

Übe die Schreibung von Wörtern mit *ss* oder *ß*.
Wähle Aufgabe 1, 2 oder 3.

1 Verbinde je zwei Wörter aus einer Wortfamilie.
Schreibe passende Zusammensetzungen daneben.

> ~~der Schlussteil~~ • der Zeckenbiss • der Bänderriss • die Messlatte • das Schließfach •
> die Reißzwecke • die Schießbude • das Beißverhalten • der Maßanzug • der Warnschuss

der Schlussteil _____

die Schlüsse	reißen
die Schüsse	schließen
die Bisse	schießen
die Risse	beißen
messen	die Maße

2 Verlängere die Verben in den beiden Zeitformen und trage ein: *ß* oder *ss*?

Präsens	Präteritum
Er schlie___t die Tür. – denn: *wir schließen*	Ich schlo___ die Tür. – denn: *wir schlossen*
Er gie___t Blumen. – denn: *wir* _____	Ich go___ die Blumen. – denn: *wir* _____
Ich zerrei___e das Papier. – denn: *wir* _____	Er zerri___ den Brief. – denn: *wir* _____

3 Prüfe durch Schwingen, Verlängern und Zerlegen, welchen Buchstaben du einsetzen musst.

Das Schlo___gespenst kommt durch die Türen, auch wenn man sie vorher verschlie___t.

Wenn man den Ma___stab einer Karte kennt, kann man Entfernungen me___en.

Wir haben beschlo___en, dieses Jahr kein Feuerwerk in die Luft zu sch___ßen.

Die Schreibung der s-Laute

1 Untersuche die Wörter und ordne sie nach ihrer ersten Silbe.
Tipp: Die Wörter der zweiten Zeile musst du vorher verlängern.

☐ / 10 Punkte

> rasen • die Tasse • heißen • die Weisen • das Wasser • die Klöße •
> er gießt • sie goss • er beißt • sie biss • er reißt • sie riss

erste Silbe offen + s-Laut stimmhaft (summend)	erste Silbe offen + s-Laut stimmlos (zischend)	erste Silbe geschlossen

2 Kennst du die Regeln zur Schreibung der s-Laute genau?
Umkreise die zutreffenden Angaben in den Sätzen.

☐ / 4 Punkte

Wenn die erste Silbe offen ist, gibt es **eine/zwei** verschiedene Schreibweisen.

Wenn der s-Laut nach der ersten offenen Silbe summend gesprochen wird, schreibt man **s/ß**.

Wenn der s-Laut nach der ersten offenen Silbe zischend gesprochen wird, schreibt man **s/ß**.

Wenn die erste Silbe geschlossen ist, schreibt man **ss/ß**.

3 Setze ein: s, ss oder ß.

☐ / 12 Punkte

> Ha____elnü____e sind ge____und und lecker. Doch ihre Schale lä____t sich nur mit dem
>
> Nu____knacker öffnen, zum Bei____en sind unsere Zähne zu schwach. Da sind einige Tiere
>
> be____er dran. Eichhörnchen nagen eine schmale Öffnung in die Schale und sto____en
>
> die____se mit den Zähnen auf. Die klugen Krähen wi____en ebenfalls, wie es geht: Sie werfen
>
> die Nü____e auf die Stra____e und la____en sie von fahrenden Autos „knacken".

4 Prüfe deine Lösungen mit Hilfe des Lösungsheftes und errechne deine Punktzahl.

☺ 26–25 Punkte	☺ 24–13 Punkte	☹ 12–0 Punkte
Großartig! Du kennst dich bestens mit der Schreibung der s-Laute aus.	Nicht schlecht. Lies aber noch einmal das Merkwissen auf den Seiten 90 und 93 und wähle Aufgaben zum weiteren Üben aus.	Du musst noch weiter trainieren. Arbeite die Seiten 91–93 noch einmal gründlich durch.

Groß- und Kleinschreibung

Nomen erkennen

Methode ▷ **Nomen an ihren Begleitern erkennen**

- Nomen werden **großgeschrieben**.
- Nomen kann man an ihren Begleitern erkennen, z. B. dem Artikelwort. Artikelwort und Nomen bilden eine Nominalgruppe. In der Nominalgruppe steht das Artikelwort immer am linken Rand und das Nomen am rechten Rand.
- In der Nominalgruppe kann **zwischen Artikelwort und Nomen** ein **Adjektiv** stehen.
- Trotzdem wird nur der **Kern der Nominalgruppe** (rechter Rand) großgeschrieben, z. B.:

  die leckere Nahrung   *ein kleiner Igel*   *am großen Teich*
     ↑   ↑   ↑   ↑   ↑ ↑

Wenn man am Ufer von Bächen oder Seen spazieren geht, hat man vielleicht das Glück, einen Eisvogel zu sehen: Er ist ein auffälliger Vogel mit seinem türkisblauem Gefieder und seinem rotem Bauch. Leider findet er bei uns nur selten die
5 passenden Nistplätze. Mit dem Schnabel gräbt der Vogel eine schmale Brutröhre in die Erdwände. Dort sind die Jungvögel gut geschützt. Oft betreut das Männchen noch die alte Brut, während sich das Weibchen schon um die jüngeren Nachkommen kümmert. Zur Jagd braucht der Eisvogel ein saube-
10 res Gewässer. Er saust im Sturzflug nach unten, taucht seinen Schnabel ins Wasser und packt sich einen Fisch. Der Vogel fliegt dann auf einen Ast, schlägt den Fisch gegen das Holz und verschlingt ihn.

Der Eisvogel

1 **a** Ordne die markierten Nominalgruppen richtig in die Tabelle ein.
     b Finde je zwei weitere Beispiele im Text und ergänze sie passend.

Artikelwort + Nomen	Artikelwort + Adjektiv + Nomen

   c Artikel können sich auch verstecken, z. B.: *im* = in dem, *zum* = zu dem, *zur* = zu der.
      Finde drei Beispiele im Text und notiere sie zusammen mit dem Nomen.

  2   Im letzten Satz stehen nur Nominalgruppen aus Artikelwort und Nomen.
      Erweitere die Nominalgruppen mit Adjektiven aus dem Kasten.
      Schreibe in dein Heft.

> hart • klein •
> hoch • zappelnd

Training: Nomen großschreiben

Untersuche Nominalgruppen in Texten. Wähle Aufgabe 1, 2 oder 3.

1 Unterstreiche alle Nominalgruppen aus Artikelwort + Nomen.
Umkreise alle Nominalgruppen aus Artikelwort + Adjektiv + Nomen.

Gruppengähnen

Man weiß schon lange, dass die Menschen, die Hunde und die Affen gähnen
und damit ihre Artgenossen anstecken. Bei den geselligen Wellensittichen hat man eine
ähnliche Verhaltensweise beobachtet: Wenn die Vögel gähnen, werden die Mitglieder der
Gruppe davon angesteckt. Nach den neuesten Forschungen vermuten die Wissenschaftler: Die
Wellensittiche wollen damit vielleicht zeigen, dass sie sich mögen. Es könnte aber auch sein,
dass sie der Gruppe signalisieren wollen: Wir sind wachsam!

2 Suche die Nominalgruppen im Text. Unterstreiche Artikelwort und Nomen und verbinde sie.

Ein kleiner Vogel, ein lustiger Trick

DIE TASMAN-ERDDROSSEL SCHARRT AUF DEM BODEN NACH IHRER NAHRHAFTEN BEUTE,
DEN KLEINEN INSEKTEN. DABEI NUTZT SIE EINEN BESONDEREN TRICK. SIE SETZT SICH HIN
UND MACHT EIN EIGENARTIGES GERÄUSCH: SIE PUPST, UM DAMIT DIE WÜRMER ZU ER-
SCHRECKEN. WEIL SIE SEHR GUT HÖRT, BEKOMMT SIE DIE REAKTION DER WINZIGEN TIERE
MIT UND KANN MIT DEM SCHNABEL ZUPACKEN.

3 a Vorsicht! In dem Text sind alle Nomen kleingeschrieben. Unterstreiche sie mit ihrem Artikelwort.
b Erweitere mindestens sechs der Nominalgruppen mit einem passenden Adjektiv und schreibe das
korrigierte Nomen dazu. Achte darauf, die Endung des Adjektivs anzupassen.

Überraschung von oben

einen klebrigen Vogeldreck
Wer hat schon gerne einen vogeldreck auf seiner kleidung? Das ist eine sauerei. Aber es ist ein

zufall, wenn das passiert. Die wacholderdrosseln überlassen das nicht dem zufall. Sie brüten

immer zu mehren in einer gruppe in einem baum oder einem strauch. Wenn sich ein greifvogel

nähert, wenden die wacholderdrosseln gemeinsam einen trick an: Sie „beschießen" den feind

mit ihren kotbomben. Weil er die federn nur noch schlecht bewegen kann, kann er die nester

auf dem Baum nicht mehr erreichen.

Nomen großschreiben

1 Welche Wörter sind Nomen? Kreuze sie an und schreibe den bestimmten Artikel dazu. ☐ /8 Punkte

☐ ____ VOGEL ☐ ____ TASCHE ☐ ____ BÄR ☐ ____ MUT

☐ ____ IHR ☐ ____ KOMISCH ☐ ____ FEDER ☐ ____ GLATT

☐ ____ KLEIDUNG ☐ ____ EIFRIG ☐ ____ HOSE ☐ ____ HAND

2 Im folgenden Text wurden alle Nomen kleingeschrieben.
Finde die Nominalgruppen. Markiere das Artikelwort und setze einen Pfeil zum
Bezugswort. Notiere die Nomen in der richtigen Schreibung auf die Zeilen. ☐ /12 Punkte

Auch die vögel in der stadt pflegen die nistplätze, in denen sie die

_____

eier ausbrüten. Sie nutzen einen trick, um das gefährliche ungeziefer zu

_____

bekämpfen. Sie legen die alten zigarettenstummel in die nester,

_____

die von den menschen weggeworfen wurden. Wozu? Das nikotin in

_____

den filtern hält die schädlinge fern.

_____

3 Markiere die Nominalgruppen und bestimme das Artikelwort. Unterstreiche
bestimmte Artikel, unterringle unbestimmte Artikel und umkreise die (Possessivartikel.) ☐ /9 Punkte

> Die tropische Papageien fallen wegen ihres bunten Gefieders auf. Mit ihrem kräftigen Haken-
> schnabel können sie auch die härtesten Nüsse knacken. Dank seiner starken Greifzehen klettert
> ein Papagei sicher auf den Bäumen, wobei er seinen Schabel wie einen zusätzlichen Fuß nutzt.

4 Prüfe deine Lösungen mit Hilfe des Lösungsheftes und errechne deine Punktzahl.

☺ 29–27 Punkte	☺ 26–15 Punkte	☹ 14–0 Punkte
Bravo! Du bist fit in der Groß- und Kleinschreibung.	Gar nicht schlecht. Wo hattest du noch Schwierigkeiten? Wähle zum Training passende Aufgaben auf den Seiten 95–96 aus.	Du sollest noch einmal üben. Arbeite die Seiten 95–96 noch einmal gründlich durch.

Die Zeichensetzung üben

Das Komma bei Aufzählungen

> **Information** ⟩⟩ **Das Komma bei Aufzählungen**
>
> - **Aufzählungen** können aus Wörtern oder aus Wortgruppen bestehen, z. B.: *Der Igel ist ein kleines, braunes, stacheliges Tier. / Der Tiger hat große Pfoten, einen kräftigen Körper, ein starkes Gebiss.*
> - Sie werden **durch Kommas abgetrennt.**
> - Vor den Wörtern ***und, oder, sowie*** steht bei Aufzählungen **kein Komma,** z. B.: *Das Fell ist kurz, weiß **und** weich.*

1 Im folgenden Text werden mehrere Tiere aufgezählt.

a Kreise die Tiere in Satz 1 ein. Markiere die Kommas farbig.

b In Satz 2 und 3 stehen am Ende der Aufzählungen Verbindungswörter (Konjunktionen). Umkreise alle aufgezählten Wörter. Markiere die Kommas und die Konjunktionen.

1 Leider sind immer mehr Tierarten vom Aussterben bedroht, dazu gehören beispielsweise: (Nashorn), Tiger, Ilitis, Dachs, Schweinswal, Puma, Faultier, Koala, Wildpferd.

2 Auch viele Affen wie Gorillas, Lemuren, Koboldmakis oder Orang-Utans sind gefährdet.

3 Neben den Tieren sterben aber auch Blumen, Gräser und Bäume aus.

c Vervollständige den Merksatz.

> Bei einer **Aufzählung** werden die aufgezählten Wörter durch ein „＿＿＿＿＿＿＿" abgetrennt.
>
> **Ausnahme:** Vor den Konjunktionen „＿＿＿＿＿" bzw. „＿＿＿＿＿" steht **kein Komma.**

2 a Merkwürdige Fantasiewesen! Untersuche, aus welchen Tieren sie sich zusammensetzen. Zähle alle Tiere im Heft auf. Setze die Kommas.
Das erste Tier setzt sich zusammen aus Zebra, Hahn, … Das zweite Tier besteht aus Ente, …

b Beschreibe das Aussehen der Tiere genauer. Formuliere Aufzählungen aus den Vorgaben im Kasten. Setze die Kommas und verbinde die beiden letzten Aufzählungen mit „und".

> ~~den Körper eines Schweins~~ • ~~einen langen Giraffenhals~~ • graue Igelstacheln • eine blaue Mähne • einen bunten Hahnenschweif • Streifen wie ein Zebra • gelbe Entenfüße • einen Fuchsschwanz

Das erste Tier hat einen langen Giraffenhals, … Das zweite Tier hat den Körper eines Schweins, …

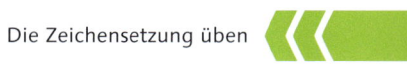

Die Zeichensetzung bei wörtlicher Rede

1 Paul und sein Vater erzählen von ihrem Wildschweinabenteuer.

a Unterstreiche die Redebegleitsätze.

b Markiere die Anführungszeichen und die Satzzeichen.

A Paul erzählt aufgeregt: „Wildschweine wollten uns umrennen!"

B „So schlimm war es auch nicht", unterbricht ihn der Vater.

C „Zumindest", fährt Paul fort, „war es eine gefährliche Situation."

c Stelle Satz A so um, dass der Redebegleitsatz an unterschiedlichen Positionen steht.

Redebegleitsatz hinten: _____

_____

Redebegleitsatz in der Mitte: _____

_____

2 **a** Unterstreiche die Redebegleitsätze.

b Setze die Anführungszeichen und die fehlenden Satzzeichen.

Mia macht große Augen und fragt Hatten sie etwa Babys dabei

Oh Mann stöhnt Paul Frischlinge haben die Wildschweine doch im Frühling

Aber was haben sie denn dann gemacht will Mia wissen

Sie haben sagt Paul und holt tief Luft eigentlich nichts gemacht

Aber sie hätten euch doch fast umgerannt bohrt Mia nach

Paul beißt grinsend in einen Apfel und sagt mit vollem Mund

Wenn die Wildschweine losgerannt *wären* und wir im Weg gestanden *hätten*,

dann hätten sie uns vielleicht umgerannt

Mit diesem Test kannst du feststellen, wie erfolgreich du im Fach Deutsch gelernt hast. Du prüfst,
– wie gut du einen **Erzähltext lesen und verstehen** kannst (Test A),
– wie flüssig du **zu einem Sachtext schreiben** kannst (Test B),
– wie gut du dich in der **Grammatik** auskennst (Test C) und
– wie sicher du in der **Rechtschreibung** bist (Test D).

Du kannst alle Tests am Ende des Schuljahres bearbeiten oder während des Schuljahres feststellen, in welchen Bereichen du weiterüben musst. Gehe so vor:
– Plane **feste Zeiten** ein, um einen Test zu bearbeiten.
– **Lies** die Aufgaben **genau,** arbeite **ruhig** und **gründlich.**
– Prüfe zum Schluss deine **Lösungen** mit Hilfe des Lösungshefts und berechne deine **Punktzahl.**
– Nun kannst du deine **Fähigkeiten bewerten:** Was kannst du schon sicher? Wo musst du üben?

Test A – Einen literarischen Text lesen und verstehen

Dagmar H. Mueller

Mathilde und die Geisterfrau

Vor sehr langer Zeit hat es auf Burg Krähennest regelmäßig gespukt. Es hat sogar so grässlich unheimlich gespukt, dass die mutigsten Ritter und die stärksten Burgfräulein mitten in den stür-
5 mischsten Nächten glatt weggelaufen sind. Barfuß, im Nachthemd und mit ihren Kopfkissen in der Hand, die sie sich verzweifelt auf die Ohren gedrückt haben, um das schaurige Geheul nicht mehr zu hören.
10 Ja, solange das Wetter schön war, gab es keine Probleme. Sobald aber das Wetter etwas unfreundlicher wurde, legte Gertrud, die Geisterfrau, so richtig los!
Sie war es nämlich, die dann nachts um die alten
15 Burgmauern flog und heulte. So erbärmlich, so laut und so gruselig, dass keiner auf der Burg auch nur an Schlaf hätte denken können.
So ging es viele hundert Jahre. Bis … ja, bis Mathilde, die Tochter von Freunden des Burgherrn, die
20 gerade zu Besuch auf Burg Krähennest waren, eines Nachts ebenfalls aufwachte.
Es war eine besonders kalte, besonders stürmische und besonders regnerische Nacht. Das Wasser peitschte auf das Burgdach, der Wind rüttelte
25 an den Türen und Mathilde war froh, dass sie sich die warme Decke bis dicht unter das Kinn ziehen konnte. Dann hörte sie plötzlich Gertrud heulen.
„Wuihaaahiiiihuuuuu!", heulte Gertrud. Schauriger denn je.
30 Mathilde setzte sich kerzengerade auf im Bett. Aber statt sich jetzt ihr Kissen auf die Ohren zu drücken und, wie die meisten Gäste, so schnell sie konnte einfach wegzulaufen, lauschte sie. Und wurde beim Lauschen richtig traurig.
35 Die arme Gertrud!, dachte Mathilde. Denn sie hatte natürlich schon von Gertrud gehört.
Wie kalt und ungemütlich musste es da draußen jetzt sein! Und wie gemein, dass alle anderen in warmen Betten lagen, während Gertrud immer
40 nur draußen um die Burg herum spuken konnte! Kein Wunder, dass sie heulte!
Mathilde wurde so traurig, dass sie überhaupt nicht dazu kam, Angst zu kriegen. Und dann hatte sie eine Idee. Sie schnappte sich eine Kerze, lief
45 nach draußen und rief mitten in den Sturm hinein, so laut sie konnte: „GERTRUD! Komm her! Du kannst in meinem Zimmer schlafen! Es ist warm und trocken und bestimmt viel netter als hier draußen!"
Und tatsächlich hörte das Heulen augenblicklich
50 auf. Gertrud schwebte mit erstauntem Gesichtsausdruck heran, lächelte Mathilde dankbar zu und war mit einem Luftzug in dem kleinen Zimmer verschwunden.
Mathilde schlüpfte für den Rest der Nacht in das große Bett ihrer Eltern. Dort war es sowieso viel
55 gemütlicher.
Am nächsten Morgen war der Burgherr beeindruckt, wie einfach Mathilde das Problem gelöst

hatte. Und weil er Gertrud nicht wieder unglück-
60 lich machen wollte, oder vielleicht auch einfach,
weil er nicht wollte, dass ihm die Gäste regelmäßig davonliefen, sobald auch nur ein paar Regen-
tropfen fielen, ließ er von nun an die Tür zum Gästezimmer immer einen Spaltbreit offen, sodass

Gertrud, wann immer sie wollte, bequem hinein- 65
und hinausschlüpfen konnte.
Und, wie ihr euch denken könnt, hat man nie wieder auch nur das kleinste bisschen grässliches Geheul auf Burg Krähennest gehört.

1 Worum geht es in der Geschichte? Umkreise jeweils die zutreffenden Aussagen.   /2 Punkte

Es geht darum, dass der Burgherr/das Mädchen Mathilde/ein Ritter es schafft,
den Spuk/das schlechte Wetter/die Streitereien auf Burg Krähennest zu beenden.

2 Was bedeuten die im Text markierten Wörter?   /5 Punkte
Ordne die passenden Erklärungen mit einer Linie zu.

A barfuß (▶ Z. 5 f.)

B schaurig (▶ Z. 8)

C peitschen (▶ Z. 24)

D lauschen (▶ Z. 33)

E augenblicklich (▶ Z. 49)

1 *hier:* prasseln, auf etwas geschleudert werden

2 aufmerksam zuhören

3 sofort, in diesem Moment

4 mit nackten Füßen, ohne Schuhe und Strümpfe

5 gruselig, unheimlich

3 Was passiert in der Geschichte?   /5 Punkte
Kreuze an, ob die folgenden Aussagen richtig (r) oder falsch (f) sind.

	r	f
A Auf Burg Krähennest treiben unheimliche Krähen ihr Unwesen.	☐	☐
B In stürmischen Nächten haben selbst tapfere Ritter Angst vor der Geisterfrau Gertrud.	☐	☐
C Mathilde besucht auf Burg Krähennest einen Kurs, um schauriges Heulen zu lernen.	☐	☐
D Das Burggespenst fliegt bei schönem Wetter heulend um die Burgmauern herum.	☐	☐
E Mathildes Idee verhilft dem Gespenst zu einer Nacht im Trockenen in ihrem Zimmer.	☐	☐

4 Welche Eigenschaften haben die Figuren im Text? Markiere mit Linien,   /6 Punkte
welche Aussagen zu Mathilde und welche zum Gespenst Gertrud passen.

GERTRUD

ist die Tochter von Freunden des Burgherrn von Burg Krähennest.

mag kein schlechtes Wetter und heult dann schaurig.

empfindet Mitleid mit dem Burggespenst, statt Angst zu haben.

hält sich nachts rund um die Burg Krähennest auf.

ist erstaunt und dankbar darüber, dass sie ins Gästezimmer gebeten wird.

findet eine Lösung für das Problem auf Burg Krähennest.

MATHILDE

5 Was macht den Text anschaulich und lebendig?   /3 Punkte
a Markiere im ersten Absatz (Z. 1–9) drei Wortgruppen aus Adjektiven und Nomen.
b Unterstreiche zwei Stellen mit wörtlicher Rede im Text.   /2 Punkte

101

Test B – Schreiben

3 **Ausflugstipp Burg Hohenbaden**

9 **A** Ausgangspunkt für Wanderungen und Ort <u>schauerlicher</u>
15 Sagen – das ist die Burg Hohenbaden.
24 **B** Sie <u>thront</u> auf Felsen oberhalb der Stadt Baden-Baden.
34 **C** Von ihrem hohen Turm konnten früher die Wächter die Umgebung
36 gut <u>überblicken</u>.

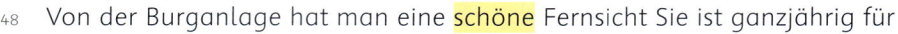

48 Von der Burganlage hat man eine <mark>schöne</mark> Fernsicht Sie ist ganzjährig für
58 Besichtigungen geöffnet. Die Burg und die mächtigen Felsen lassen sich
71 gut umrunden. Der obere Felsenweg ist anspruchsvoll, der untere Felsenweg ist <mark>bequem</mark> zu
72 nutzen.
90 Doch auf der Burg soll es der Sage nach nicht ganz geheuer sein: Hier lebte einst eine grausame
102 und habgierige Markgräfin, die ihre Untertanen unterdrückte und ausbeutete. Eines Tages soll
117 sie ihren kleinen Sohn auf den Burgturm getragen und ihm sein <mark>zukünftiges</mark> Land gezeigt haben.
132 Dabei soll sie ihn aufgefordert haben, später ähnlich grausam zu regieren. Da fiel der Junge
145 hinab zwischen die Felsen und blieb für immer verschwunden. Seither sucht die Markgräfin
161 nach ihm und hat selbst im Grab keine Ruhe: Noch heute soll sie in dunklen, stürmischen
172 Nächten durch die Burg geistern und verzweifelt nach ihrem Sohn jammern.

1 Schreibe die Sätze A bis C ab. Finde dabei für die unterstrichenen Wörter eine andere Formulierung, ohne den Sinn des Satzes zu verändern. / 6 Punkte

2 Notiere zu den im Text <mark>markierten</mark> Wörtern aus dem Text jeweils ein Wort mit gegenteiliger Bedeutung. / 3 Punkte

schön: _____

bequem: _____

zukünftig: _____

3 Schreibe den Text ab. Wie viele Wörter schaffst du in einer Minute? Notiere die Zahl. / 5 Punkte

0–7 Wörter	8–14 Wörter	15–22 Wörter	23–30 Wörter	mehr als 30 Wörter
1 Punkt	2 Punkte	3 Punkte	4 Punkte	5 Punkte

Test C – Grammatik

1 Bestimme die Wortarten im folgenden Satz. Markiere wie angegeben: /3 Punkte
Nomen, Artikel, Adjektiv, Verb, Präposition.

Gertrud flog um die alten Burgmauern.

2 **a** Ergänze in den vier Lücken „die Geisterfrau" im richtigen Kasus. /4 Punkte

1 Nachts schwebt _____ durch den Schlosskeller. **2** Das Heulen

_____ ist überall zu hören. **3** Es gelingt _____,

alle Besucher zu erschrecken. **4** Auch Mathilde hört _____ eines Nachts.

b Bestimme den Kasus der Lückenwörter: Notiere N (Nominativ), G (Genitiv), /4 Punkte
D (Dativ) oder A (Akkusativ).

Satz 1: _____   Satz 2: _____   Satz 3: _____   Satz 4: _____

c In Satz 3 und 4 (▶ Aufgabe 2 a) kannst du statt eines Nomens auch ein passendes /2 Punkte
Textpronomen einsetzen. Kreuze an, welches passt.

Satz 3: ☐ ihr ☐ sie ☐ ihnen   Satz 4: ☐ ihm ☐ sie ☐ ihr

3 Präsens, Perfekt, Präteritum? Bestimme die Zeitform und schreibe sie auf die Zeilen. /3 Punkte

Vor sehr langer Zeit hat es auf Burg Krähennest gespukt. _____

Mathilde setzte sich kerzengerade auf im Bett. _____

Es ist warm und trocken! _____

4 Bilde aus den Satzbausteinen einen Fragesatz. Ergänze das Satzzeichen. /2 Punkte

> Mathilde ┊ keine Angst ┊ hat ┊ vor dem Gespenst

_____

_____

5 **a** Schreibe den folgenden Satz so auf, dass „Mathilde" nicht mehr am Anfang steht. /1 Punkt

b Kennzeichne jedes Satzglied. Notiere die passende Bezeichnung in der Zeile darunter. /4 Punkte

Mathilde überlässt der Geisterfrau ihr Zimmer.

_____

6 Markiere im ersten Satz der Geschichte auf ▶ S. 100 die Verbklammer. /2 Punkte

Test D – Rechtschreibung

1 a Untersuche die markierten Wörter im folgenden Text. Mit Hilfe welcher Strategie [ ] /10 Punkte
kann man die Schreibung prüfen? Setze jeweils das passende Strategiezeichen ein.

> ⌣ deutlich in Silben sprechen   ↪ Wörter verlängern
>
> ⌣⌣ zusammengesetzte Wörter zerlegen und verlängern   ⚡ Wörter mit *ä* und *äu* ableiten

Jedes **Kind** liebt Spukgeschichten. Oft spielen diese in einer alten **Burg,** in der ein unheimlicher Geist **lebt,**

den alle **Menschen** fürchten. Die Besucher haben große Angst, wenn der Geist über die **Burgmauern**

fliegt und **polternd** oder schreiend schaurige **Geräusche** verursacht. Zum Glück **gibt** es meist eine mutige

Person, die den Geist heldenhaft in die Flucht **treibt.** Manchmal endet die **Geschichte** auch glücklich und

der Geist kann auf der Burg bleiben.

b Markiere das zusammengesetzte Wort, bei dem man zwei Strategien anwenden muss. [ ] /1 Punkt

2 In einer Spukgeschichte sind folgende Fehlerwörter vorgekommen.
a Korrigiere die Fehler und setze die Strategiezeichen über die [ ] /6 Punkte
passenden Stellen: ⚡ ↪ oder ⌣⌣ .
b Notiere als Begründung ein Wort zur Ableitung oder Verlängerung. [ ] /6 Punkte

der Spuck _____   das Mitleit _____

die Geistermenner _____   das Freulein _____

der Burkgraben _____   die Freuntschaft _____

3 a Im folgenden Text sind alle Wörter großgeschrieben. [ ] /6 Punkte
Markiere alle zwölf Nomen im Text.

> NICHT NUR DIE KINDER, SONDERN AUCH DIE ERWACHSENEN LIEBEN DIE GESCHICHTEN, BEI
> DENEN MAN SICH GRUSELN KANN. ABER WAS IST EIGENTLICH EINE GUTE GRUSELGESCHICHTE?
> NATÜRLICH MUSS ES EIN UNHEIMLICHES VORKOMMNIS GEBEN. ZUM BEISPIEL HAT DIE HAUPT-
> FIGUR MANCHMAL DAS SELTSAME GEFÜHL, NICHT ALLEIN ZU SEIN. VIELLEICHT BEGINNT EINE
> ALTE UHR PLÖTZLICH ZU SCHLAGEN ODER EIN STUHL BEWEGT SICH. ES WIRKT AUCH GRUSELIG,
> WENN EIN KLEINER GEGENSTAND WACKELT ODER EIN BILD HERUNTERFÄLLT.

b Schreibe fünf Nominalgruppen auf, [ ] /5 Punkte
die nur aus Artikel und Nomen bestehen.
c Schreibe fünf Nominalgruppen aus Artikel, [ ] /5 Punkte
Adjektiv und Nomen aus dem Text auf.